Heinz Adam

Ich glaub' ich brech zusammen

NEUMANN-NEUDAMM
Verlag für Jagd & Natur

ISBN 3-7888-0830-6

Schwalbenweg 1, 34212 Melsungen
Tel. 05661-52222, Fax 05661-6008, www.neumann-neudamm.de

Prindet in Germany
Satz/Layout:: J. Neumann-Neudamm AG
Druck und Verarbeitung: J.P. Himmer GmbH & Co. KG, Augsburg
Bildnachweis: alle Zeichnungen sowie Titelbild von Hans Lakomy

Inhalt

Vorwort

Die folgenden Seiten bieten keine wissenschaftlichen Erkenntnisse. Ballistische oder juristische Betrachtungen, die bis auf den Grund derselben gehen, fehlen ebenso wie romantisch verklärte Schilderungen im jagdlichen Geschehen. Normale jagdliche Erlebnisse, wie sie jedem praktizierenden Jäger widerfahren können, sind der Kern dieser Zeilen. Grundsätzlich lag mir aber auch am Herzen aufzuzeigen, wie es meiner Generation noch möglich war, in das Ganze drum und dran der Jägerei hineinzuwachsen.
Ich bin Ende der vierziger Jahre in einer damals schon sehr stark von Schwerindustrie geprägten Region im nördlichen Harzvorland aufgewachsen. Trotz der ringsum vorhandenen Industrie existierte seinerzeit noch eine recht umfangreiche Landwirtschaft. Das kleine Wäldchen in der Nähe meines Heimatortes befand sich im Besitz eines Stahlkonzernes und war verpachtet. Der örtliche gemeinschaftliche Jagdbezirk wurde von unseren Bauern selbst bejagt.
Die Zeiten haben sich natürlich auch bei uns nicht zu Gunsten der Jagd verändert. Wo also sollen die jungen jagdinteressierten Leute heutzutage noch Kontakte knüpfen? Einigen wenigen ist das gottlob noch möglich. Wer sich nachhaltig bemüht, hat gute Chancen, Praxis zu erwerben. Wer von Haus aus in eine Eigenjagd oder einen gemeinschaftlichen Jagdbezirk hineinwächst, hat sicherlich weniger Probleme.
Doch das ist der geringere Teil unserer zukünftigen Jäger. Dem größten Teil derjenigen, die alljährlich die Vorbereitungskurse zum Erlangen des ersten Jagdscheines besuchen, ist solch ein in die Sache „hineinwachsender" Werdegang jedoch verwehrt. Es ist die äußerst schwierige Aufgabe der Ausbilder, den ernsthaft interessierten, potentiellen Jägern den Weg bis zur Prüfung bei oftmals kaum vorhandenen Grundkenntnissen der Damen und Herren freizumachen. Häufig ein schier unlösbares Unterfangen.

Es ist gut und liegt wohl auch in der Natur der Dinge, dass ein Teil der Kursteilnehmer schon recht bald dem Lehrgang fernbleibt. Diese Menschen, denen keinesfalls Naturverbundenheit und auch Interesse an der Jagd abgesprochen werden soll, haben schon frühzeitig den gewaltigen auf sie zukommenden Aufwand der Ausbildungsmonate erahnt. Resignierend erkennen sie, dass der Weg bis zum ersten Jagdschein bei den vorhandenen Voraussetzungen mehr als nur steinig werden könnte.
Manch einer versucht es trotzdem. Ungeheurer Fleiß im theoretischen Geschehen sowie der Wille in kurzer Zeit soviel wie möglich an Praxis zu erwerben, belohnt dann ab und an dieses nervenverschleißende Bemühen. Allein die Möglichkeiten, schon vor solch einem Vorbereitungslehrgang irgendwo „mitzugehen“, sind äußerst gering.
Über die Gründe nachhaltiger zu philosophieren wäre, wie bereits erwähnt, müßig. Einige Landesjägerschaften bemühen sich derzeit, diesbezügliche Möglichkeiten zu finden. Man darf gespannt sein.

Nach über zwanzigjähriger, jagdlicher Betätigung, der eine jagdliche Lernphase von kleinauf vorausging, kann man einiges erzählen. Ich bin ein Mensch, der gerne lacht. Manche Leute meinen, dass ich das oftmals zu spontan und auch zu laut tue!? Was soll ich machen? Meinem angewölftem Naturell entsprechend sind die folgenden Zeilen somit überwiegend humorvoll ausgefallen. Da unser Alltag nicht immer Anlass zum Fröhlichsein bietet, können diese Zeilen, versehen mit problemloser Kost, dem vielleicht ein wenig abhelfen.

„Ich glaub, ich brech zusammen!“
Dieser Spruch rutscht mir seit etlichen Jahren immer dann heraus, wenn etwas für meine Begriffe – Außergewöhnliches passiert ist. Ich kann heute nicht einmal mehr nachvollziehen, wann eben diese Worte sich in mein Vokabular eingeschlichen haben. Sie sind nun einmal da.

Gelegenheit, diese Worte anzuwenden, hatte ich in den vergangenen Jahren meiner jagdlichen Tätigkeit häufig. Es konnten auch für Außenstehende unbedeutende Ereignisse sein, die für mein Empfinden allerdings diesen Spruch rechtfertigten. Gelegentlich werde ich schon mal mit der Frage gehänselt „Na, heute schon zusammengebrochen?" Dieses ist meistens dann der Fall, wenn ich das Büro meines Jagdherrn betrete und vorher nicht in die Wildkammer geschaut habe. Dem Leser soll es bei den folgenden Schilderungen überlassen bleiben, zu resümieren, wann ich denn hier und da eventuell hätte „zusammenbrechen" können.

Viel Spaß!

Jung – Jungjäger

Gerade aus der Schule gekommen, hockte ich am Küchentisch und schaufelte den von der Mutter warm gehaltenen Eintopf in mich hinein. Es musste flott gehen, weil der freie Nachmittag lockte. Eintopf, der von der Mutter am Vortag zubereitet und am Morgen nochmals im riesigen Topf auf den Herd kam, wurde zwischenzeitlich in eine ordentliche Lage Zeitungspapier gehüllt und in ein Bett gestellt.
Die Federn isolierten nochmals eine ganze Zeit lang. Somit hielt sich die magenfreundliche Temperatur der Suppe bis zum Abend und bot allen Familienmitgliedern zu jeder Tageszeit nach Schul- oder Arbeitschluss eine warme Mahlzeit. Die „Mikrowelle" der fünfziger Jahre! Tja, das Bett!
In meiner Schlafkammer, die ich mir mit einem jüngeren und einem älteren Bruder teilen musste, war meine Mutter just damit beschäftigt, die Bude wieder in einen menschenwürdigen Zustand zu versetzen. Meist kam sie erst später am Tag dazu, weil die Garten- und Feldarbeit sowie die Mithilfe im Schafstall meines Großvaters den langen Vormittag ausfüllte.
Ein gellender Aufschrei hatte zur Folge, dass der gerade zum Mund geführte Löffel in rasanter Geschwindigkeit auf den Teller patschte. Zurück kamen alsdann in unregelmäßiger Reihenfolge Karotten, Erbsen und Suppengrün, allerdings ohne den Löffel wieder mitzubringen. Das Gemüsekonsortium nahm nun zwar die Richtung des dafür vorgesehenen Loches in meinem Kopf, gab sich jedoch mit dem erschreckt aufgerissenen Rund nicht zufrieden und verteilte sich schön bunt bis auf mein prächtig gelocktes Haupthaar. Der Eintopf wurde unter dem Namen „Buntes Huhn" gehandelt und genau so muss ich nunmehr wohl ausgesehen haben.
Mit affenartiger Geschwindigkeit rannte ich zur Kammer und sah meine Mutter mit hochrotem Kopf – Schrubber und den daran hängenden Scheuerlappen haltend – vor meinem Bett stehen. Alarmstufe drei war angesagt. „Was ist das unter dem Scheuerlappen?" Ihr Zeigefinger stieß in Richtung Lappen.

Deibel, nun hatte sie ihn entdeckt. Unter dem groben Lappen lag ein nach präparatorischen Gesichtspunkten vielleicht noch nicht ganz einwandfrei hergerichteter Schädel eines ausgewachsenen Ackergaules.
Ich muss zugeben, dass er auch noch ein wenig roch. Gefunden hatte ich das Monstrum auf der im Dorfgebrauch befindlichen so genannten „Pottkuhle". Dorthin kamen Abfälle aller Art, Asche, alte Möbel, eben alles, was entbehrlich geworden war und ausgedient hatte, und was weiß ich noch alles. Für uns Bengels geradezu ein Magnet. Nun ja, irgendein Pferdeschlachter hatte eben dort seine überzähligen Pferdeknochen eingelagert. Daran nahm man damals keinen Anstoß. Sagenhaft, was auf dieser „Pottkuhle" alles lag und zu finden war. Beim Rumschnökern hatte ich den Schädel zwischen einer Unmenge Knochen gefunden, und begeistert über die gewaltigen Ausmaße war es mir ein dringendes Bedürfnis, ihn meiner umfangreichen Schädelsammlung aus Wald und Feld zuzuführen. So gut es ging, hatte ich die Knochen gereinigt und vorläufig in unserem Holzschuppen deponiert. Natürlich gut unter diversen Holzkörben getarnt, um einer baldigen Entdeckung meines neuen Schmuckstückes vorzubeugen. Er lag dort eine ganze Weile und miefte vor sich hin. Trotzdem gelang es mir, das Ding unter Aufbietung aller meiner bei den bei uns beliebten „Cowboy- und Indianer-Spielen" erworbenen Fähigkeiten eines Tages bis unter mein Bett zu bugsieren. Woanders hätte er auch gar keinen Platz gehabt. War ich allein zu Haus, was selten vorkam, war der Schädel die leicht riechende Krönung meiner Sammlung.
Und nun das Aus?
Ich wischte mir, bevor ich antwortete, weil ich dieses erst jetzt bemerkte, erst einmal das langsam abwärts wandernde „Bunte Huhn" aus dem Gesicht. „Was das ist?" fragte ich kleinlaut, „ein Pferdekopp, Mama", antwortete ich nicht ganz ohne Stolz.
Kurz darauf hatte ich erst einmal ein paar am Kopp und die sterblichen Überreste des Gaules mussten sodann von mir, unter stummen Protest, auf der hofeigenen Aschekuhle vernichtet werden. Schlimm war das!

Ansonsten war meine Mutter mit guten Nerven ausgestattet, und die brauchte sie auch. Was ich an Knochen, Federn, Steinen und was weiß ich von meinen Streifzügen aus Wald, Wiese, Wasser und Feld mitbrachte, war nicht immer Anlass zu Begeisterungsstürmen. Auch meine Brüder hielten sich diesbezüglich nicht zurück.
Die Aktion Pferdeschädel zog somit keine größeren Strafen und Auflagen nach sich und war abends auch schon aus der Welt. Lediglich die Grünfutterbeschaffung für die Stallhasen, Hühner und Enten wurde um einige Tage verlängert. Sehr zur Freude der nun plötzlich mit mehr Freizeit gesegneten Brüder. Dramatisch war das nicht, denn das stellte keine Bestrafung für mich dar. Beim Sicheln in den Gräben gab es immer etwas zu entdecken!
Vom Großvater hatten wir gesehen und gelernt, wie man ein Ei mit einem Hölzchen anpickt, um es mit mächtigem Saugen auszutrinken. Verbotenerweise ging dann auch ab und zu mal eines aus einem Fasanengelege mit. Davon habe ich dann eine Zeitlang Abstand genommen, als der Großvater nach krampfhaftem Ziehen an der Öffnung die kleinen Ständer des Kükens zwischen seinem damals schon recht lückenhaften Gewaff hatte.
Kleinvieh, das bekanntlich auch Mist machen kann, gehörte damals zu fast jedem Haushalt auf dem Dorf. Die Versorgung oblag größtenteils uns Kindern. Die Fleisch- und Eierlieferanten kamen und gingen in schöner Reihenfolge. Außer dem jährlichen Schlachtfest – und das war wirklich noch ein Fest – sowie der Dezimierung etlicher Hammel aus der Herde meines Großvaters – einmal für den Eigenbedarf, zum größten Teil allerdings für die Bereicherung des Speisezettels der Dorf- und Stadtbevölkerung, trugen die lieben kleinen Tiere in größerem Umfang zu unserer Ernährung bei. Für uns Bengels war es selbstverständlich, nach erfolgtem Auftrag, das Kleinvieh schlachtenderweise seiner Bestimmung zuzuführen.
Der Sinn, Leben und Sterben, zum Zweck des Überlebens wurde gerade uns Dorfkindern von kleinauf gewahr und selbstverständlich. Heutzutage sieht das oftmals anders aus.

Aber solange die Hähnchen ja eh aus dem Kühlfach des Supermarktes kommen! Was soll's also? Ich glaube, es ist enorm wichtig, unseren dem Natürlichen schon vielfach entrückten Mitmenschen unbedingt Aufklärung zu bieten. Das müssen nicht unbedingt die Jäger tun.

Mit zwei etwa gleich alten Schulfreunden zog ich häufig durch Feld und Wald, und unter uns hatte sich – ganz einfach so – ein Wettbewerb angebahnt. Wer etwas zuerst entdeckt hatte, dem gehörte es auch. Wer fand das Schönste, Begehrenswerteste? Einen besonderen Stein, die Stoßfedern eines Fasanengockels wie Federn überhaupt. Die Knochen verluderter Tiere. Die Krönung war immer eine Abwurfstange des Rehbockes. Leere Patronenhülsen und vieles mehr.
Viele Jahre später schrieb mir der ältere von den beiden aus Frankreich und bat um Übersendung einiger blauer Federn des Hähers, da die Franzosen mit ihm gewettet hatten, es gäbe in Deutschland keinen Vogel mit blauen Federn. Er hat die Wette gewonnen. Ich konnte ihm aus meinen noch vorhandenen Beständen aus der Jugendzeit einige übersenden.
Unser Rumstromern hatte zur Folge, dass wir, nicht immer zur Freude der Jäger, bis in die letzten Ecken unseres Dorfwaldes vordrangen. Wir bauten uns gar ein Zwischenlager aus Knüppeln und Fichtenzweigen, auch als Schutz vor schlechtem Wetter. Das Lager befand sich in einer mannshohen Fichtenkultur, die wir „Zauberecke" getauft hatten. Hier war es geheimnisvoll, wir blieben lange unentdeckt. Ganz automatisch bekamen wir auf diese Weise Kontakt zu den dortigen Jägern. Natürlich kannten wir die meisten von ihnen schon von den Treibjagden her, bei denen wir als Treiber fungieren durften. Wir durften beim Bau einer Rehwildfütterung dabei sein und lernten auch sonst viel Wichtiges und Nützliches.
Nachdem wir auch eine Ansitzleiter mit einem der jüngeren Jäger gebaut und aufgestellt hatten, wurde es an der Zeit, sich um eine oder mehrere Ansitzgelegenheiten für unsere Bedürfnisse zu kümmern. Nach vorsichtigem Anfragen bei unseren potenti-

ellen „Lehrprinzen" durften wir an der Ostseite des Waldes tatsächlich einen ersten Ansitzschirm für uns errichten. Das war toll! In diesem Schirm habe ich einige Male guten Anblick gehabt. Ich kann mich noch genau entsinnen, dass ein Bock einmal sehr dicht am Schirm vorbeizog und für gewaltiges Herzklopfen sorgte. Es war ein gewaltiges Erlebnis, auf so kurze Distanz, fast zum Greifen nahe, Rehwild beobachten zu können.
Ähnlich intensive Herztätigkeit hatte ich im Frühjahr an einem der Fuchsbaue im nördlichen Revierteil. An die genaue Tageszeit kann ich mich nicht mehr entsinnen, ich meine aber, dass es um die Mittagszeit war, als ich vorsichtig, mit meinem 8 x 30-Fernglas um den Hals und den Pfadfinderdolch an der Seite den Fuchsbau anpirschte. Ungefähr zwanzig Meter vom Bau entfernt, hatten meine Freunde und ich uns eine Ansitzmöglichkeit zu ebener Erde geschaffen. Der Sitz war so gut getarnt, dass ich einmal von einem den Bau inspizierenden, mir nicht bekannten Jäger unentdeckt blieb. Allerdings war ich auch auf die Größe eines Melkeimers geschrumpft, als ich des Jägers gewahr wurde.
Nun saß ich im Schneidersitz hinter der Verblendung aus alten Knüppeln, Farn und Moos und harrte der Dinge, die da hoffentlich kommen würden. Eine lange Zeit tat sich absolut nichts, und ich wollte gerade meinem mächtig nach einer ordentlichen Mettwurstkniffte heischenden Magen nachgeben und den Heimweg antreten. Sicherlich hatte ich gut zwei Stunden am Bau gelauert. Aber just in diesem Moment rätschte ein Eichelhäher nachhaltig in unmittelbarer Nähe. Nun passiert etwas! Ich senkte meinen Kopf auf die bereits erprobte Melkeimerhöhe herab, sodass ich gerade noch über die obersten Farnblätter schauen konnte.
Jedoch nichts tat sich. Nach einigen erwartungsgeladenen Minuten atmete ich wieder ordentlich durch und befreite meine Beine, indem ich sie aus dem Schneidersitz nahm und durch die untere Tarnung hindurch lang ausstreckte. Das tat gut. Nunmehr war ich entschlossen, umgehend den Heimweg anzutreten. Mein Magen machte einen Mordsspektakel. Ich musste befürchten, dass man das Kollern meines schlecht gefüllten

Weidsackes auf etliche Meter vernehmen konnte. Absolut verräterisch ist so etwas.
Also! Noch ein letzter Blick zu der vor mir liegenden, gut einsehbaren Röhre und...
Mann, oh Mann! Da stand ein, nein zwei, nix da, drei, du meine Güte, schließlich waren es fünf Jungfüchse, die interessiert in meine Richtung äugend auf dem Bau standen.

Einen Augenblick war ich unachtsam und beinahe hätte ich mir diesen tollen Anblick verdorben. Ich saß wie angenagelt. Mit lang ausgestreckten Beinen und offenem Mund starrte ich die Welpen an. Ich traute mich nicht, meine Hand zum Glas zu heben. War auf diese kurze Entfernung auch gar nicht notwendig. Getan hätte ich es doch liebend gern. Wer einmal auf so kurze Distanz Wild in der immer schärfer gekurbelten Optik hatte, weiß, wie faszinierend das ist. Die Welpen standen immer noch sichernd auf dem Bau. Eine tolle Situation.
In solchen Momenten fängt es hundertprozentig irgendwo am Körper zu zwacken an. Das ist gemein. Das Zwacken weiß offensichtlich ganz genau, dass man sich in diesem Moment nicht wehren kann. Auch ich hatte urplötzlich so ein Zwacken und das wahnsinnige Bedürfnis, dieses mit zwei, drei Fingernägelkratzern zu entschärfen. Das Bedürfnis wurde immer intensiver. Es stei-

gerte sich mit dem statuenhaften Ausharren der Jungfüchse. Unerträglich so etwas! Ich wollte eben meine rechte Hand im Zeitlupentempo auf die Reise schicken, um Linderung zu erreichen, da fingen die Welpen an zu spielen. Endlich. Ich konnte vorsichtig die Sitzordnung lockern und das Zwacken abstellen. Jedoch? Es war nicht mehr da! Das ist immer so. Garantiert!
Einer der Kerlchen musste über absolut gute Gehöre verfügen, denn unentwegt sicherte er als einziger in meine Richtung. Mein Magen?
Nun kam er vorsichtig näher. Wiederum erstarrte ich und hatte nur noch Augen für diesen Jungfuchs. Was hat mein Herz gebubbert! Ein faszinierendes Duo, Magen und Herz.
Jung-Reinecke war schließlich an meinem linken Schuh angelangt und bewindete diesen ohne Arg ausführlich und in aller Ruhe. Offensichtlich konnte er nichts Beunruhigendes feststellen.
Zwischendurch äugte er immer wieder in Richtung meines Kopfes, als wollte er fragen, ob das Stück Leder, das er inspizierte denn auch tatsächlich zu mir gehörte. Ich hielt es kaum noch aus und bekam wiederum gewaltige Probleme bei meiner zwangsweise ruhigen Sitzerei.
Sicherlich hätte ich alsbald aufstehen müssen und damit wäre dieses gewaltige Erlebnis abrupt beendet gewesen. Genau in dieser Situation stürmten die Welpen wie auf ein geheimes Kommando in die am nächsten gelegene Röhre und waren verschwunden. Wie der Blitz.
Ich hatte keinen Altfuchs gehört oder gesehen, der die Kleinen gewarnt hatte. Aber, so muss es wohl gewesen sein. Vielleicht wurde ich ja schon eine Weile beobachtet?
Nach etlichen Minuten stand ich leise auf und pirschte flott zu meinem am Waldrand verstecktem Drahtesel und radelte mit immer intensiver werdenden Magenknurren dem häuslichen Brotkorb zu.
Leider wurden unsere Ansitzschirme von einigen neidischen Freunden aus den umliegenden Dörfern ab und an zerstört. Das war zeitweise ein richtiger Bandenkrieg unter uns Ben-

gels. Es blieb nicht aus, dass wir uns dann schon einmal zünftig die Richtung geben mussten.
Jedoch zu ernsthaften Auseinandersetzungen ist es allerdings nie gekommen. Der treibende Keil war reines Konkurrenzdenken bezüglich der Privilegien, die wir alle bei unseren Jägersleuten ergattern wollten. Die demolierten Sitze haben wir dann auch häufig gemeinsam wieder errichtet.
In diese Phase herrlicher, unbeschwerter Waldläuferzeit fiel mein Bemühen, einen jungen Mäusebussard hochzupäppeln. Ein Freund und ich hatten ihn als Nestling mit aus dem Wald gebracht. Meine Eltern waren erstaunt, wie schnell ich einen Verschlag für „Wotan" errichtete. So hatte ich ihn getauft. Natürlich nicht wissend ob männlich oder weiblich, war die Namensgebung ausschließlich einer im Schulunterricht erworbenen Sympathie für den germanischen Gott gefolgt. Die Behausung für den Vogel Voliere zu nennen, wäre eine wahnsinnige Anmaßung gewesen. Ich nahm an Material das, was ich eben in Stall und Schuppen ergattern konnte. Sah toll aus, das Ding! Der Vogel fühlte sich bald wohl.
Ich besorgte Schlachtabfälle und atzte den Kleinen damit. Anfangs musste ich ihm die Brocken regelrecht vom Schnabelinnern in Richtung Kropf drücken. Bald klappte das Spielchen mit uns beiden. Gefangene Mäuse habe ich anfangs ebenfalls portioniert. Vor einer quietschlebendigen Feldmaus nahm Wotan eines Tages Reißaus. Ich bekam ernsthafte Zweifel an seiner Spezies.
Schon bald atzte sich der Vogel selbstständig und gedieh zu einem prächtigen Mäusebussard. Aufgrund der Größe, die der Vogel schließlich nach einem Jahr zeigte, war Wotan wohl ein Bussardweib? Ich wurde laut und anhaltend begrüßt, wenn der Bussard mich sah.
Das typische Bussardmiauen verstummte erst, nachdem ich schon eine Weile außer Sichtweite war. Als ich mit dem Vogel die ersten Flugübungen absolvierte, war ich ein zweites Mal arg im Zweifel bezüglich der doch ganz offensichtlich zu den Vögeln zählenden Kreatur, die da auf meiner durch Motorradhandschuhe geschützten Hand blockte. Wotan fiel. Und zwar,

wie es so treffend heißt, mit der „Schnauze auf die Fresse“. Entschuldigung! Schnabel!
Meine Versuche, den Jungvogel in die Luft zu bekommen, scheiterten kläglich.
Miauend hockte Wotan mit weit ausgebreiteten Schwingen auf dem Boden und ließ sich wieder aufnehmen. Ich rannte mit ihm los, bis mir die Zunge zum Hals heraushing und warf ihn dann, am Zeitpunkt meiner persönlichen Höchstleistung angekommen, in die Luft.
Nichts! Wie ein Stein, wie ein Flieger mit Motorschaden ging der Vogel zu Boden. Tagelang habe ich das gemacht. Ich konnte mich des Eindruckes nicht erwehren, dass dem Piepmatz meine Anstrengungen gut gefielen und er es sichtlich genoss, wenn ich mit ihm, wie einstmals Hackelberg, durch die Gegend galoppierte.
Allmählich wollte ich aufgeben. Dann jedoch, eines Tages, oh Wunder, praktisch mir nix, dir nix, bequemte sich mein Wotan. Während ich mit ihm wieder einmal auf einer wilden Hatz durch unsere Wiesen war, streckte er die Schwingen weit von sich. Vor Schreck blieb ich stehen.

Er schlug nun mit den Schwingen! Wahnsinn! Auch in seiner „Voliere" tat er das und hüpfte dabei auf seinem Ruheast auf und nieder. Es fiel mir auf, dass er häufig alle möglichen Vögel beobachtete, die über seine Behausung flogen. Eines Tages hob der Vogel dann von meiner Faust ab. Zwar nicht weit, aber ich habe ihn danach so geknuddelt, als ich ihn wieder aufnahm, dass ihm vermutlich angst und bange um sein Federkleid wurde. Leider, oder Gott sei Dank, hat sich der Bussard später bei einem Ausflug zum Wäldchen verabschiedet.
Es war Frühjahr. Da er bei mir schon lebende Mäuse geschlagen hatte, machte ich mir keine Sorgen um sein Wohlergehen. Tage später hat er dann tatsächlich noch einmal seine alte Heimat umkreist. Ich selbst habe ihn nicht gesehen, aber ein Nachbarjunge hatte den Bussard an seiner auffallenden Bürzelfärbung erkannt.

Außer unseren, wie bereits erwähnt, den täglichen Speisezettel unserer Familie ergänzenden kleinen Fell- und Federträger haben häufig alle möglichen Tiere aus Wald und Feld bei uns Pension genommen. Manche kamen, bedingt durch jugendliche Sorglosigkeit unfreiwillig, andere wiederum hatte irgendein Malheurchen dort draußen zu uns geführt und wurden von uns aufgepäppelt. Das klappte natürlich nicht immer. Manche Träne floss, wenn eine uns an das Herz gewachsene Kreatur eines Tages tot im Stall lag.
Meine Eltern und auch Großeltern waren mit der Bereitstellung von Unterkunft und Futter für diese Pensionsgäste immer sehr großzügig. Nicht so großzügig, sondern unnachgiebig waren meine Eltern, als ich die Anschaffung eines Hundes erbat. Ich glaube, ich war noch keine zehn Jahre alt, als ich das erste Mal begehrte, einen Jagdhund erwerben zu dürfen. Jawohl! Ein Jagdhund sollte es sein!
„Kommt nicht in Frage, du kannst dich mit den Hütehunden von Opa beschäftigen!"
Aus! Schluss! Kein Kommentar mehr. Ich habe wochenlang eine Flunsch gezogen, gekrakelt und gemosert. Allein ein Jagd-

hund war nicht drin. Natürlich war die Entscheidung der Eltern in Ordnung. Jedoch, ein Jagdhund für mich allein, so ganz für mich....?
Also verblieb mir vorerst die Beschäftigung mit den Hütehunden. Bis zum eigenen Hund hat es noch ein paar Jahre gedauert.
Mit einem der Hütehunde, es waren Mischlinge aus Schäferhund und den von den englischen Soldaten nach dem Krieg mitgebrachten Collies, hatten wir als Kinder viel Spaß.
Meinen Großvater mit den Hunden arbeiten zu sehen, war eine wahre Freude. Unvergessen, wenn er mit Handzeichen seine Anweisungen gab. Unser Liebling, ein gelehriger und gutmütiger junger Rüde hat durch sein Zusammenleben mit der Familie einen Teil unserer Jugendzeit geprägt. Leider ist Berry nicht alt geworden. Impfungen waren teuer, und wenn ein Hund die Staupe bekam, war sein Schicksal besiegelt. Die Kinderseelen haben gejammert.
Berry konnte beim Rumstromern in den Wiesen und Weiden immer wieder Interessantes verweisen. Die Kiebitze brüteten damals noch bei uns, und es war ein Spaß zuzusehen, wie die Altvögel auf ihn hassten oder ihn, Flügellahmheit simulierend, vom Gelege weglockten.
Irgendwann hat er es dann gemerkt. Die Kiebitze interessierten ihn nicht mehr. Den Lerchen jedoch ist er noch lange hinterher gesprungen, wenn sie senkrecht und jubilierend aufstiegen.
Meine Großeltern hatten eines Tages einige Hammel geschlachtet und das Fleisch musste den Kunden, die im Dorf wohnten, angeliefert werden. Eine Keule war für einen der Jagdpächter bestimmt. Zu ihm ging ich besonders gern, denn sein großer Hausflur war voll mit Präparaten und Trophäen. Ich hätte stundenlang vor diesen Wänden stehen können.
Mit dem guten Mann, der leicht auf einem Lauf lahmte, sind wir, ein Freund und ich, einmal kreuz und quer durch unsere Feldjagd gestiefelt, um einen Hasen zu schießen. Es ist nicht so, dass keine Hasen da waren, denn die gab es damals noch reichlich, nein, immer wieder verließen die Hasen frühzeitig ihre Sasse und waren unerreichbar für die Flinte. In sicherer

Entfernung machten die Mümmelmänner einen Kegel und sondierten die Lage. Die war absolut negativ für die Jägerei. Einen Hund hatten wir nicht dabei, vielleicht wäre dann einiges anders gelaufen. Vermutlich hatte der Jäger den Hundeeinsatz für unnötig gehalten? Die Krummen narrten uns ganz offensichtlich. Es war zwischen Weihnachten und Neujahr und recht warm. Die Hasen wollten sicher schon Hochzeit feiern, nicht aber in der Pfanne landen. Irgendetwas haben wir verkehrt gemacht? Kein Frost, kein Schnee und fünf Morgen Akkerland an jedem Stiefel.

Das schlaucht. Die Passion ließ nach. Auch der Pächter wurde unruhig, als der Nachmittag sich neigte. Vermutlich war der Hase versprochen. Nachdem ich auch noch einem Mümmelmann dadurch das Leben rettete, indem ich zwischen ihm und dem Schützen stand, als er aus der Sasse katapultierte, war der Jäger nicht mehr gut auf uns zu sprechen.

Er fluchte, was das Zeug hergab und wir wollten gerade seiner Empfehlung nachkommen und uns in Richtung Heimat begeben, als keine zehn Meter links von ihm ein Hase auf die Läufe kam. „Bautz!“ Der Hase lag und rührte kein Haar mehr. Konnte er auch kaum noch. Bedingt durch die kurze Strecke, welche die Schrotgarbe zur Verfügung hatte, lag der Krumme fast blank vor uns. Zumindest im Rückenbereich sah er schon sehr enthaart aus. Das störte den Jäger nicht. Vermutlich war er über den unverhofften Erfolg überrascht.

Mit großen Augen sah uns der Schütze an und grinste dann: „Seht ihr wohl, man muss nur ordentlich brüllen, dann klappt das auch!“ „Na, denn man tau, sä de olle Karl!“

Der Hase fuhr in den Rücksack ein und drei zufriedene Menschen schritten bei beginnender Dämmerung dem Dorf zu. Es ist zu vermuten, dass beim Verzehr des Hasenbratens diverse Schrotkügelchen für ein bedächtiges, vorsichtig mit der Zunge pulendes und verhalten ausspuckendes Publikum gesorgt haben. Vielleicht ein Grund, warum die winterlichen Wildessen unserer Altvorderen so lange dauerten und häufig einer Unmenge an Rotwein und Cognac bedurften?

In den zahlreichen Scheunen unseres Dorfes gab es außer Mäusen und Ratten natürlich auch den ein oder anderen Steinmarder, der sich für die Vorgenannten interessierte.
Normalerweise hätte man jedem Marder sein Revier gönnen sollen. Aber es herrschte ein anderes Schaden-Nutzendenken. Wenn mal ein oder zwei Tauben gerissen wurden und angefressen auf dem Schlag lagen, wurde dem nächtlichen Meuchelmörder Rache geschworen.
Zumindest die Tauben werden sicher auch von Ratten heimgesucht. Gesunde Hühner, Enten und Gänse wohl seltener. Der Marder war dran! Was sind da für Fallen zum Einsatz gekommen. Faszinierend, was die spinnengewebeverhangenen Scheunenecken alles preisgaben. Rostige, halbvergammelte, nur noch teilweise funktionsfähige Tellereisen, alle möglichen Schlageisen mit ausgeleierten Federn, und wahre Monster von Kastenfallen. Es konnte einem Angst und Bange werden.
Unser heutiges „DJV-Positionspapier-Fangjagd" würde bei Gewahrwerden dieser Schrottberge vor Schreck schlagartig die Druckerschwärze verlieren. Wie diese Fossilien fingen, braucht hier wohl nicht erwähnt zu werden. Aber jeder Fangerfolg wurde auch von uns Kindern euphorisch bejubelt. Der Übeltäter, der Killer unserer Feldkrätzer, kam tagelang an den Pranger, sprich Scheunengiebel. Seht her, ihr von der Sippe Weißkehlchen, so ergeht es euch auch, wenn ihr frech werdet. Jawohl!
Tscha, gottlob hat sich das geändert? Nicht geändert hat sich meine Abneigung gegen Fallen jeglicher Bauart. Heutzutage hat selbst auf dem Dorf kaum noch jemand eine eigene Fleischproduktion am Haus. Viel zu umständlich. Mäuse und Ratten müssen sich auf den meisten landwirtschaftlichen Betrieben gewaltig strecken, um überhaupt an Stroh und Korn zu kommen. Die Mitarbeit bei der Fallenstellerei hat gezeigt, dass man nicht nur Mäuse mit Speck fangen kann. Auch Marder mögen Speck. Dass auch fatalerweise der ein oder andere Haustiger auf der Strecke lag musste einkalkuliert werden. Katzen gehörten nun einmal auf einen jeden Hof. Es gab genug davon und ab und an ein Ausfall war keine Tragödie.

Nur einmal habe ich Krieg zwischen den Hofgenerationen erlebt. Es hatte die uralte Stammmutter unzähliger Hofkatzengenerationen erwischt. Die Altbäuerin machte mächtigen Alarm um das jähe Ableben der fast zahnlosen und halbblinden, nur noch eingeweichte Brötchen fressenden Katze. Vermutlich hatte die Katzenahnin doch noch einmal Schmacht auf etwas anderes als die ewig dargebotenen, eingeweichten schlappen Luffen. Der angebrannte Speck wurde ihre Henkersmahlzeit. Das heißt beinahe, denn das Eisen war schneller. Es muss eines von den noch einigermaßen intakten gewesen sein.
Ich erwähnte bereits, dass man nicht nur Mäuse mit Speck fangen kann. Jedoch, wenn so ein jahrelanger treuer Hofgefährte vom Schicksal ereilt wurde, dann waren nicht nur die Altbäuerinnen traurig. Der ebenfalls jahrelange Gefährte glücklicher Kindertage, oftmals älter als wir, und manchmal regelrecht von Mythen umgeben, war aus unserem Alltag verschwunden. Das Grab im Garten wurde häufig heimlich besucht. Es sollte ja niemand sehen.
Zur Zeit der Rübenernte war ich mit einem Bauern hinausgefahren, um ihm ein wenig zur Hand zu gehen. Was man eben so kann als Knirps. Wir wollten Spur roden. Meine Aufgabe bestand darin „Schimmel", so hieß das schwere Pferd, mit meiner Hand am Zaumzeug in Richtung der Reihe zu halten. Das Pferd konnte das natürlich und hat sich gewiss über die mit großem Eifer ausgeführten Bemühungen des kleinen Kerls an seiner linken Kopfseite amüsiert? Gleichmäßig wie ein Uhrwerk schritt das Tier voran und hörte auch auf die noch so leisen Kommandos des Bauern.
Auf dem in unmittelbarer Nachbarschaft befindlichen Hof dieser Familie, mit der wir weitläufig verwandt waren, habe ich Unmengen an Kindheitstagen verbracht. Mit allen Eindrükken und Erlebnissen, die so ein intakter landwirtschaftlicher Betrieb der fünfziger Jahre noch zu bieten hatte, bleibt diese Zeit für immer positiv in meiner Erinnerung. Aber sicherlich sind wir schnell geneigt, nur das Gute in unserer Erinnerung zu pflegen? Ich denke an schwülwarme Tage, an denen die

letzten Garben eingefahren wurden und die Erntekrone den Wagen schmückte.
Mir klingt das Janken des Zaumzeuges der im Schritt gehenden Pferde im Ohr, wenn wir mit dieser Fuhre, auf der wir mit den Erwachsenen obenauf saßen, in die Scheune einfahren durften. Die Gerüche von Mensch, Tier und Getreide, die so ein Gefährt umgab, habe ich, wenn ich davon träume, heute ebenso in der Nase wie damals. Die Erntedankfeste der Erntehelfer, bei denen auch wir Kinder nicht zu kurz kamen, waren verdienter Abschluss der schweren Erntearbeiten. Kartoffel- und Rübenroden, aber auch Mist auf den Acker fahren und abladen waren Tätigkeiten, bei denen wir uns nützlich machen konnten. Natürlich reizte der Umgang mit Pferd und Traktor. Ab und zu sprang dabei sogar mal eine Münze für uns heraus. Aber die Regel war eine Vergütung in Naturalien.
Das jährliche Schlachtfest war Anlass genug, unbedingt die Schule zu schwänzen.
Denn Schule gab es jeden Tag. Wenn im Spätherbst bei leichtem Frost und Schnee drohendem Himmel, unter dem die Krähen wie Fetzen vom Wind gejagt wurden, das Schwein endlich am Haken hing, war Festzeit angesagt. Die ersten Kostproben wurden aus dem dampfenden Kessel stibitzt und manche Darmwurst hatte plötzlich einen Riss. Alt und Jung saß abends beim Schmaus zusammen.
Die Nachbarn holten in Kannen warme Wurstbrühe und bei ganz netten kam noch eine Miniwurst dazu. Tolle Sache!
Die bei den Schlachtessen bewältigten Portionen waren beachtlich. Die meisten hatten zu der Zeit, jedenfalls offiziell, noch keine Cholesterinprobleme oder was es da sonst noch an netten, kleinen Gemeinheiten gibt. Nun gut!
Jetzt war ich mit dem Bauern beim Spurroden. Ich mochte die ruhige, liebe Art dieses Menschen. Ich habe ihn niemals aggressiv erlebt. Wir waren gerade dabei, unser Gespann zu wenden, um eine neue Reihe in Arbeit zu nehmen, als keine fünf Meter neben uns ein Hase flüchtig absprang. Wir hielten an und sahen dem Mümmelmann hinterher.

„Sieh zu, dass du wegkommst, bald ist Jagd!“ rief der Bauer dem Hasen hinterher. Er grinste mich an: „Aber vielleicht schafft er es ja gar nicht bis zur Jagd?”
„Warum nicht?“ begehrte ich zu wissen. „Der Nachbar bringt Mist auf die Stoppel, und wenn der Hase sich, wie gerade bei uns gesehen, in seiner Sasse drückt, kann ihm schon einmal eine ordentliche Forke Mist vom Wagen herab auf den Balg geschmissen die Luft nehmen.“ Er grinste über das ganze Gesicht. „Der Nachbar ist gut zugange mit seinen Mistwürfen und hat in dieser Zeit öfters mal Hasenbraten in der Pfanne!“ „Aha“ sagte ich. Wir sahen uns an und mussten beide lachen. Optimale Landnutzung unter Umgehung bestehender Rechte.
Ich glaube nicht, dass sich zu der Zeit jemand darüber aufgeregt hat?
Wenn ich an diese Ackerfläche zurückdenke, kommen mir meine Einsätze bei der Rübenverzieherei in den Sinn. War das eine Schinderei. Stundenlang musste auf den Knien die Reihen der jungen Pflanzen abgerutscht werden, um diese zu vereinzeln. Mutter war vorausgegangen und hatte verbüscht. Nach einiger Zeit schmerzten Finger, Handballen und Knie zum Gotterbarmen. Teilweise liefen diese Aktionen schon vor der Schule.

Das frühe Aufstehen hat mich nicht gestört. Es war der Job! Allerdings konnte man in der Frühe auf den Feldern einiges an Wild sehen und das entschädigte ein wenig.
Das Erkennen von Losung und Gestüber, von Fährten, Spuren und Geläufen der bei uns vorhandenen Wildarten erlernte ich auf diese Weise praktisch hautnah und Kriechenderweise.
Manchmal haben wir die frischen Pillen der Hasenlosung verformt, um unsere beim Erraten der dann untypischen Form rätselnden Freunde zu foppen.
Das Konzert der überall himmelwärts aufsteigenden Feldlerchen, die laut jubilierend den neuen Tag begrüßten, wurde unterstützt von Kiebitz, Kuckuck und vielen anderen Sängern. Eine tolle Morgenmusik. Wenn bloß die ekelhaften Rüben nicht gewesen wären.
Fasanen- und Rebhuhngelege in Hecke und Feld blieben uns nicht verborgen, denn den arbeitenden Menschen auf dem Akker begegnete das Wild ohne Argwohn.
Hier habe ich das erste Mal Kontakt mit tollwutkrankem Wild gehabt. Ich war mit meinem Drahtesel auf den Feldwegen unterwegs. Vom Weg aus, in ungefähr zweihundert Meter Entfernung, bekam ich einen Sprung Rehe in Anblick. Ich hielt an und schaute durch mein Fernglas. Es waren die mir bekannten Rehe im Nordteil unserer Bauernjagd.
Plötzlich ging der ganze Sprung ohne ersichtlichen Grund hochflüchtig ab. Im Glas konnte ich erkennen, dass das letzte Stück ein Bock war. Er hetzte den ganzen Sprung vor sich her. Nun verhoffte er. Das Glas an den Augen sah ich, dass er den Träger seltsam ausgestreckt tief hielt und mit dem Äser fast den Boden berührte. Richtig stockig stand er da.
Was ist das da vorn am Äser? Der Bock hatte tatsächlich starke Schaum- oder Speichelbildung. Es fiel etwas davon auf den Boden. So stand der Bock. Minutenlang. Der Sprung verhoffte in einiger Entfernung und äugte mit hocherhobenen Häuptern zu dem Kranken.
Tollwut, durchfuhr es mich! Ich packte mich und in gehörigem Tempo ging es zum Waldläuferfreund und mit diesem zum Jagd-

pächter. Er hörte sich meinen Bericht in aller Ruhe an, griff dann zu seinem Drilling und ab ging die Post zum Ort des Dramas. Der Pächter nahm den Bock mit seinem Glas in Augenschein. Mittlerweile war der arme Kerl nicht mehr in der Lage, sich auf den Läufen zu halten. Alle Versuche hochzukommen, gingen fehl.
Zwei weitere Landwirte, die unser Tun beobachtet hatten, gesellten sich zu uns.
„Dann muss er nun den Fangschuss haben", gab der Pächter von sich. Langsam gingen wir im Gänsemarsch auf den Bock zu. Jedoch, als wir auf fünfzig Schritt heran waren, streckte er sich und war verendet. Armer Kerl! Er sah erbärmlich aus. Wund geschlagen und abgekommen.
Kein schöner Anblick. Dieses Erlebnis begründete einen gewaltigen Respekt vor dieser Krankheit. Nicht, dass ich diesbezüglich übertrieben ängstlich wäre, aber der Umgang mit tollwutverdächtigem Wild löst immer höchste Alarmstufe bei mir aus. Immer wieder habe ich den erbärmlich aussehenden Bock vor Augen, wenn ich das Wort Tollwut höre. Trotzdem. Der Mensch ist ein Gewohnheitstier. Da ist was dran!
Ich habe Füchse ohne Handschuhe abgebalgt, mit schweißverschmierten Händen Zigaretten geraucht und auch das ein oder andere Frühstücksbrot mit nicht ganz fuchsschweißfreien Händen vereinnahmt. Das lief eine ganze Weile so. Unbekümmert.
An einem richtigen Sauwettertag mit Wind und Schlackerschneeschauern hing der Oberforstmeister einen starken Fuchsrüden in die Wildkammer. „Können Sie mir den bitte streifen?" Klar. Erstens war er der Chef und zweitens war eh Schlechtwetter angesagt.
Wie gesagt, ohne Handschuhe und mit brennenden Kippen, abwechselnd zwischen Lippen und Hand, ging es ans Werk. Ich war bereits am Schädel angekommen und hatte bislang vergeblich nach den Schroten, durch die Reinecke doch wohl ums Leben gekommen war, gesucht. Da war nichts! Am Schädel selbst war seitlich ein recht starker Bluterguss zu erkennen. „Der ist gegen ein Auto gelaufen und ich habe ihn aus dem

Graben geholt", gab der Chef auf Befragen am Nachmittag kund. Zapperlott! Warum läuft ein ausgewachsener Fuchs gegen ein Auto? Schlagartig bekam ich erhöhten Pulsschlag. Der wird doch wohl nicht etwa Tollwut haben?" „Quatsch!" sagte der Förster nur, als ich ihm meine Bedenken vortrug. Ehrlich gesagt, hatte ich ein paar Tage lang ordentlich Bammel. Aber dann war die Sache vorläufig vergessen. Der Zufall wollte es, dass ich mir bei dem miesen Winterwetter eine ordentliche Grippe einfing. Es schmiss mich regelrecht in das Wundbett. Kopf-, Hals, Brust- und Gliederschmerzen. Tränende Augen, Schweißausbrüche und dramatisch zunehmende Schluckbeschwerden machten mir das Krankenlager zur Hölle. Schluckbeschwerden?
Gibt es die nicht auch bei Tollwut? Die mir zur Verfügung stehende Lektüre gab keine befriedigende Auskunft. Ich bekam ordentlich Fracksausen. Mit letzter Kraft, den tödlichen Virus in mir vermutend, begab ich mich zum Hausarzt. „Blödsinn, Sie haben eine ausgewachsene Grippe", war die Diagnose des Medizinmannes. Es gebe keinen Grund zur Sorge. Ich war zu schwach, um Protest anzumelden. So richtig glaubte ich dem Arzt nicht.
Zu Haus nahm ich dennoch die verordnete Medizin und schob mich in mein Lager ein. Mit dem Glauben, wie einst der Rehbock, bald nicht mehr auf die Läufe zu kommen, vergrub ich mich in den Federn, um dem vermutlich nahen Ende entgegenzusiechen. Es ging mir tatsächlich verdammt dreckig. Nie wieder, bis zum heutigen Tage, habe ich eine dermaßen starke Grippe gehabt. Die war es dann ja Gott sei Dank auch. Aber mindestens eine für vier Personen.
Meiner Frau habe ich meine Bedenken erst nach einigen Tagen erzählt. Man muss ja nicht die ganze Sippe in Aufruhr bringen. Die Medikamente bewirkten ein erhöhtes Schlafbedürfnis. Ich habe die tollsten Sachen im Traum durchlebt. Immer wieder sah ich den armen Bock vor mir. Ich stand daneben mit Schaum vor dem Mund. Dann wiederum sah ich mich in der Wildkammer beim Streifen des vermaledeiten

Fuchsrüden stehen und immer wieder ging die bloße, schweißverklebte Hand mit der filterlosen Zigarette an den Mund. Mann, oh Mann! Schweißnass saß ich senkrecht im Bett, wenn es mich aus den Träumen riss.
Nach ein paar Tagen war das überstanden. Ich schwor mir für alle Zeiten, nie wieder einen Fuchs ohne Handschuhe abzubalgen. Bis heute ist mir das gelungen. Geraucht habe ich noch eine ganze Weile.
Wieder genesen, erzählte mir der Förster, dass auch er schon einmal ähnliches erlebt hatte. Aha! Es wäre schön gewesen, wenn ich vor dem Drama Kenntnis davon gehabt hätte. Das hätte die Sache sicher einfacher gemacht. Obwohl in unserer Region seit Jahren kein Tollwutfall mehr aufgetreten ist, gibt es für mich nach wie vor die Order: niemals ohne Handschuhe! Allerdings wurde mittlerweile der Fuchsbandwurm bei einigen eingesandten und untersuchten Füchsen festgestellt. Weitere persönliche Schutzmaßnahmen sind notwendig und geboten. Ich bin nicht scharf darauf, diese Viecher zu inhalieren. Das ist ja noch linker! Die Kerlchen setzen sich in der Leber fest und erzeugen tumorartige Gebilde. Wenn man das zu spät merkt, ist es aus. Dagegen waren meine Tollwuthorrorträume das reinste Zuckerschlecken! Genug davon!

Neben unserem Dorf verläuft ein so genannter Stichkanal, der sich vom Mittellandkanal bis zum südöstlich von uns gelegenen Hüttenwerk erstreckt. Es herrscht zeitweise reger Betrieb auf dieser Strecke. Meine Wachtelhündin wäre fast einmal in die Schraube eines Euro-Schiffes geraten. Die Dinger verdrängen um die eintausend Tonnen. Die Hündin war unerlaubterweise einigen Jungenten hinterher. Die Enten tauchten immer wieder ab, wenn ihnen die Hündin zu nahe kam. Tauchten Sie wieder auf, zog die Hündin nach. Das Spielchen hatte sich bis zur Mitte des Kanals bewegt. Die Enten nahmen Kurs auf das gegenüberliegende Ufer.
Zu meinem Entsetzen sah ich sehr spät den Pott auf die Hündin zusteuern. Der Sog der Schraube war so stark, dass sich die

Hündin nur mit großer Mühe aus dem Gefahrenbereich bringen konnte. Ich hatte sie schon abgeschrieben, nachdem ich laut prahlend und wild mit den Armen fuchtelnd versuchte, den Schiffsführer auf den Hund aufmerksam zu machen.
Er grüßte freundlich zurück! Toll! Tessy schaffte es dann gottlob. Ich war heiser und die Hündin total fertig, als sie triefend und sich kaum noch auf den Läufen haltend dem Wasser entstieg. Sie brauchte eine ganz Weile, bis sie mir wieder folgen konnte.
Als Kinder gingen wir verbotenerweise in der häufig sehr drekkigen Brühe des Kanals baden. Die Industrie war mit Einleitungen noch nicht so zimperlich und die Binnenschiffer hinterließen Ölspuren, Abfälle und Fäkalien. Vor diesen musste man des Öfteren blitzartig abtauchen, um Zusammenstöße zu vermeiden. Fast alle Dorfgören haben hier schwimmen gelernt.
Heute ist der Kanal sauber und die Qualität der Fische ist gut. Die haben wir damals natürlich auch geangelt. Mit Faden und Haken. Selbstverständlich haben wir unsere Fänge auch gegessen. Über offenem Feuer am Stock gebratener Fisch war eine tolle Sache. Trotz des miesen Wassers waren die Fische nicht schlecht im Geschmack. Wenn wir uns kurzfristig ein paar Pfennige verdienen wollten, dann fingen wir Krebse. Unser Hausarzt war bei größeren Exemplaren begeisterter Abnehmer der Uferbewohner. Die Sache musste mit zwei Akteuren von statten gehen. Einer nahm vorsichtig Stein für Stein im seichten Uferbereich hoch, während der andere den auf dem Grund sitzenden Krebs, wenn er bei der Flucht den Rückwärtsgang einlegte, ergriff. Man musste schnell zufassen, um Erfolg zu haben. Auch diese Krebse haben wir gegessen. Das gab bei den kleineren Kerlchen eine dolle Pulerei.
Bei längeren Biwaks, zur Ferienzeit zum Beispiel, versorgten wir uns mit dem was Feld und Wasser hergaben. Manchmal bekamen wir Ärger mit den Bauern, wenn wir zu dreist die Kartoffelreihen nachsahen. Richtige Probleme gab es aber nie. Fische, Krebse, Eier und Kartoffeln waren unsere Beute. Über dem Lagerfeuer haben wir gebrutzelt, gekocht und gebraten. Butter und

Salz musste Mutters Speisekammer liefern. Meine Mutter hat sich sicher des Öfteren gewundert, warum ihre ansonsten immer schmachtigen Jungens am Abend kaum noch essen wollten.
Das waren dolle Zeiten. So etwas wird heute für viel Geld in Abenteuerurlauben und Freizeitparks angeboten. Mit Animateuren versteht sich! Aus eigenem Antrieb bringt das kaum noch jemand auf die Reihe. Unsere Kinder sind heute teilweise schon auf einem anderen Stern, scheint mir. Eine andere Zeit? Gewiss! Jedoch, des Menschen Wille ist sein Himmelreich. So soll es bleiben.

An einem kalten Januartag, Ende der fünfziger Jahre, stapfte ich mit einem meiner Waldläufer-Freunde durch den hohen Schnee am östlichen Bestandesrand unseres Waldes entlang. Trotz der tränenden Augen wegen des eisigen Ostwindes, entdeckten wir im Kulturzaun hängend einen verendeten Rehbock. Er hatte sich mit seinem kurzen Bastgehörn im Drahtgeflecht verheddert und sich wohl das Genick abgedreht. Was tun?
Der Bock war steif wie Käpt'n Flint's Holzbein, und mit unseren klammen Fingern konnten wir ihn nicht aus dem Draht lö-

sen. Also, ab in Richtung Heimat. Des Freundes Mutter telefonierte nach kurzer Schilderung der Umstände mit dem Pächter. Der wollte auch gleich kommen und gemeinsam mit uns zum Wald fahren. Der Ostwind pfiff erbärmlich um die Häuser, als der Pächter mit seinem Käfer, lustig den Schnee aufwirbelnd, die Dorfstraße herunterkam. Nach kurzer Begrüßung durch ihn und einen zweiten Jäger – sie kannten uns ja – durften wir auf der Rückbank Platz nehmen.
Ja, das war doch mal was! Außer bekannten und unbekannten Gerüchen, die das Innere der Karre ausströmte, lag da allerlei Interessantes. Ein Gewehr, ein Fernglas, ein Sitzstock, Lodenklamotten, Patronen, Jagdtasche und einige Jagdzeitschriften. Was habe ich diese Zeitschriften, wann immer ich einer habhaft werden konnte, verschlungen.
Vor den Füßen des Beifahrers lag Tell, ein Drahthaarrüde. Ein alter Bekannter von den Treibjagden.
Obwohl es in einem Käfer ja nie richtig warm wird, zum mindesten im Winter nicht, kamen wir nun in unseren dicken Klamotten doch in Dampf. Sogar die Bommelmütze fing an aufzutauen, und kleine Rinnsaale Schneewasser liefen uns langsam den Nacken herunter.
Außerdem hatte Tell wohl irgendwo seinen Speisezettel selbständig verlängert und irgendwas schon lange dem irdischen Dasein entfleuchtem zu sich genommen. Er gab Gase von sich, das uns schwarz vor Augen wurde. Donnerschlag noch mal, nee, das war stark!
Unseren Vorderleuten schien das gar nichts auszumachen, denn sie klönten fortwährend mit uns. „Woran habt ihr denn gesehen, dass das ein Bock ist?“ fragte der Pächter durch die Wolken hindurch.
Mein älterer, schon erfahrener Kumpel hielt sich raus, der wusste, was lief.
Schwer nach Luft ringend antwortete ich: „Na ja, der hat doch ein kleines Gehörn auf dem Kopp!“
„Und woran erkennt man sonst noch einen Bock?“ kam es zurück.

Ich wusste es! Natürlich wusste ich es! War ja lächerlich. Wie sagte doch Opa immer?
Nur, wie sag ich es meinem Jäger?
Mein Kumpel sah recht gelangweilt durch die Gegend. Vielleicht war er ja dem Ersticken nahe? Da der Weidmannssprache noch nicht ganz Herr, platzte es aus mir heraus: „Der hat doch Klötze!" Brüllendes Gelächter unserer Jäger. Der Pächter drosch abwechselnd mit der rechten Hand auf das Lenkrad und den linken Oberschenkel seines Beifahrers, sodass Tell sich erschrocken aufsetzte. Der gute Mann kriegte sich erst allmählich wieder ein, als der Käfer schlingernderweise Anstalten machte, den Straßengraben aufzusuchen.
Wir lachten auch, sogar Tell glaube ich. War ja auch lustig, oder? „Klötze!" prustete er wieder los, „Menschenskind, Junge, Brunftkugeln heißen die Dinger!" Also bitte, jetzt wusste ich es, Brunftkugeln! Mein Passmann grinste süffisant.
Tells Gelächter hatte zur Folge, dass er nicht nur rückwärtig aktiv blieb, nunmehr sandte er uns zu allem Überfluss auch noch, die Situation während der Lachkanonade ausnutzend mit den Vorderläufen zwischen den Vordersitzen stehend, eine gewaltige Marke aus seinem Fang zu.
Mir wurde schlecht, das hält man nicht aus. Gott sei Dank schickte ihn sein Chef unverzüglich mit einem „Teebe, wutte wohl!" wieder in seine Bodenstation zurück.
Ich musste was sagen: „Herr V., was hat denn bloß der Hund gefressen?" presste ich unter Ausnutzung der letzten Atemluft hervor. „Och, der hat auf dem Misthaufen wohl die ganzen Kaldaunen der Hasen von letzter Woche verdrückt". Kaldaunen? Kaldaunen hatte er gesagt. Wenn ich es damals schon gewusst hätte.
Brunftkugeln. Von wegen. Sei's drum. Der Hund stank jedenfalls bestialisch. „Können Sie nicht ein Fenster aufmachen?" begehrte ich. „Geht nicht, ist zugefroren!", kam die Antwort. Na denn nicht. Meine Güte!
Endlich waren wir am Wald. Nachdem die Jäger und der Hund der Folterkammer entstiegen waren, taumelten wir nach drau-

ßen. Herrlich, diese Kälte, diese Luft, der Wind! Auf dem Marsch zum Bock erholten wir uns rasch. Bald waren wir am Ort des Geschehens.
„Wollte wohl den Zaun überfallen und hat sich aufgehängt“, sagte der Jäger nachdenklich, als er das Stück mit der Zange aus dem Draht löste. „Komisch ist das schon, aber essen kann man ihn noch, er ist ja tief gefroren und lange kann er hier noch nicht hängen. Er ist noch nicht mal angeschnitten“.
Nachdem er uns auf Befragen noch erklärte, wer oder was, nämlich Reinecke zum Beispiel, das Stück hätte anschneiden können, lehnten wir dankend eine Rückfahrt zum Dorf ab. Nein, nein, wir wollten noch ein bisschen schauen, hier und dort und überhaupt.
Grinsend und dankend für die Meldung des Stückes entschwanden die Jäger mit dem Tiefkühlbock und ihrer vierbeinigen Klärgrube.
Der mal mehr oder weniger bestehende Kontakt zu dem Pächter und seinen Mitjägern endete urplötzlich, als zu unserem Leidwesen im übernächsten Jahr darauf die Pachtzeit auslief und das Revier wieder unter der Regie des Besitzers lief. Das war schlimm. Sollte aber in späteren Jahren für meinen älteren Freund und auch für mich einmal von Vorteil sein. Nur damals wussten wir das noch nicht. Jetzt jammerte die Seele. Leider raffte den Pächter, diesen Hünen von Mann bald eine schlimme Krankheit hinfort. Ich war sehr traurig.
Unser „Lehrrevier“ war vorläufig für uns verloren. Zumindest, was den intensiven Kontakt mit den uns vertraut gewordenen Jägern anbetraf. Natürlich war der Wald auch nach dem Wechsel häufig Tummelplatz für uns. Nur Kontakt zu den neuen Jägern ließ sich vorläufig nicht herstellen.
Unsere Bauernjagd hingegen, die ausschließlich aus Feldfläche bestand, war von zwei Bauern gepachtet, die alljährlich zur Hasenjagd einluden. Für uns war es eine Ehrensache, ein Muss, dabei zu sein. War das eine Stimmung, die Begrüßung, das Miefen und Schlottern der Hunde, die schon wussten, was kam. Das Anlaufen der Kessel, die aufstehenden Hasen, die aus ih-

ren Sassen in einer Schneewolke herauskatapultiert kamen und bemüht waren, ihre Lücke zu finden. Es waren Hasen da, uns wurde niemals langweilig. Die Flinten knallten, es gab gute Strecken. Unvergessen, diese Bilder!
Wir Treiberbengels hatten meistens unsere Stammjäger und man konnte sich schon des Morgens darauf einstellen, wie viel Hasen man zu schleppen hatte. Das war so!
Stolz schwellte uns die Brust, wenn „unser Jäger“ der erfolgreichste im Kessel war und ungern ließ man sich einen Hasen abnehmen, obwohl man schon drei Löffelmänner unter Aufbietung aller Kräfte am Knüppel oder am langen Arm hatte. Es sollten ja alle sehen, mein Jäger, ja, der kann's! Egal, wie dann die Klamotten aussahen. Mutter hatte für diese Anlässe schon immer die kurz vor der Ausmusterung stehenden Textilien parat. Durch Schweiß und Wolle, die sich alsbald vorn und hinten und von unten nach oben breit machten, konnte man die ursprüngliche Farbe von Anorak und Hose irgendwann nur noch erahnen. Nach jedem Kessel kamen die Hasen zu ihren ihnen vorausgegangenen Genossen auf den Wildwagen, sprich Ackerwagen. Bis zum Abtransport der Jäger und Treiber zum nächsten Kessel, war der Ackerwagen auch Treffpunkt zum Lästern, Klönen und Lamentieren.
Ordentlich dem anderen einen unter die Weste gejubelt, natürlich alles im lockeren, gemütlichen Ton.
Groß war das Hallo, wenn einmal ein Fasanengockel sich in den Gräben gedrückt hatte, weil er nicht mehr rechtzeitig zum Holz gekommen war.
Ganz feierlich aber wurde es, wenn Reinecke vorkam. Der glückliche Schütze konnte gewiss sein, des Abends mit einigen Scheinen aus seiner Geldbörse zur allgemeinen Freude und Erbauung der Jagdgesellschaft beizutragen.
Bei einer dieser Treibjagden war mein Stammjäger aus irgendeinem Grund nicht anwesend. Für mich war das unbegreiflich. Wie konnte man auf der Jagd fehlen?
Somit krallte mich, mit bestimmender Hand auf die Schulter legend, ein älterer, Langaufgeschossener, mit einem gewalti-

gen „Kaiser-Wilhelm-Bart" ausgestatteter Bauer unseres Dorfes. Früher war er einmal selbst Mitpächter dieser Bauernjagd gewesen.
Ich weiß noch heute ganz genau, dass er eine wunderschöne, lange Doppelflinte führte. Die Flinte passte zu seinen Abmessungen.
Wir hatten bei schwacher Kälte und flacher Schneedecke den Anmarsch zum ersten Kessel begonnen. Es durfte beim Angehen geschossen werden. Alsbald gelangten wir an ein Ackerstück, auf dem in Abständen verteilt Misthaufen lagen, die aus irgendeinem Grunde nicht mehr verteilt und untergepflügt waren. Die Sonne hatte die Köpfe dieser Haufen teilweise angetaut. Nichts Böses ahnend, rummste es mit einem Mal bei dem vor mir gehenden Jäger. Ich hatte, hinter ihm marschierend, die Augen an seine Hacken geheftet und nichts mitbekommen. Nun klappte er seine Flinte auf, stopfte nach und wies mit seinem linken Arm auf das Feld. „Geh hin Junge, hol den Hasen!" „Wo?" kam es zweifelnd von mir.
„Na, da vorn Bengel, siehste nicht?" kam es grantig.
Ich sah nichts. Mir schwante Schlimmes. Trotzdem stürmte ich los und bremste vor so einem Misthaufen. Tja, da konnte man die ganze Garbe sehen. „Onkel M., das ist ein Misthaufen!" prahlte ich los. „Wat? !" entfuhr es ihm. Mit riesigen Schritten walzte er auf mich los und stocherte mit seinen Langschäftern im vermeintlichen Hasen.
Unabhängig davon, dass ein Haufen Mist nun mal kein Hase sein kann, sprach er folgenden Satz: „Dunnerschlag, ick dachte, ha wolle gerade upstahn un wechloopen!"
Dieses Gemisch aus Hoch- und Plattdeutsch war damals gang und gebe bei uns. Jedoch, irgendetwas hatte den alten Mann getäuscht!? Wehe dem der Böses denkt! Der Marsch wurde fortgesetzt und sauber schoss mein Jägersmann noch zwei Häslein. Siehste wohl!
Erfreulicher Abschluss des Jagdtages war für alle Beteiligten das Schüsseltreiben. Wir Bengels wurden mit zwei Mark entlohnt, damals ein fürstliches Honorar, bekamen belegte Brote

und Brühe und überließen sodann todmüde der Jägerei den restlichen Abend.
Ach, wäre man doch schon erwachsen. Ich sollte es noch genießen.
Nachdem Mutter mich eingeweicht hatte, ging es ab in die Federn. Im Traum alsbald knallten wieder die Flinten, roulierten die Hasen.
Meine jagdlichen Aktivitäten erstreckten sich ansonsten auf das Fangen von Mäusen in Haus und Hof, ebenso bei den winterlichen Dreschtagen bei den Bauern, wenn Garbe um Garbe aus der Banse kam und die grauen Gesellen ihr Heil in der Flucht suchten. Das hatte immer Volksfestcharakter für uns, denn nach dem Streckelegen der ungeliebten Mitesser des Bauern gab es Kuchen und Kakao oder Zitronenbrause zur Belohnung.
Ebenfalls mussten die massenhaft vorkommenden Spatzen dezimiert werden. Für das Nachstellen Letzterer konnte ich mir des Öfteren die Luftbüchse meines älteren Vetters ausleihen. Außer den von mir getätigten Einzelansitzen in allen möglichen Ecken des Hofes trafen wir uns des Öfteren zu mehreren Jungens und stellten den kleinen Gesellen nach.
Niemandem im Dorf wäre die Idee gekommen, uns die Luftgewehre abzunehmen. Damals wurden auch, heute unvorstellbar, gewaltige Vergiftungsaktionen durchgeführt, um die Sperlinge kurz zu halten.
Mein jüngerer Bruder wollte sich bei einer solchen Aktion mit Luftgewehr einmal, er allerdings unbewaffnet, einigen älteren Jungens anschließen. Es gab eine Rangelei und „Plopp" hatte der Kleine ein Loch in der linken Ohrmuschel! Er krähte gewaltig los und steigerte dies wohl noch, als er die Hand voll Schweiß verspürte, nachdem er das lädierte Ohr abgetastet hatte. Bevor die älteren Bengels sich darüber im klaren waren, was denn nun eigentlich Plan war, rannte der Kleine schnell – das konnte er damals noch – zu Muttern.
Schreiend, am Kopf mittlerweile aussehend, als hätte er diesen in der Häckselmaschine gehabt, stürmte er in unsere Küche. Nachdem meine entsetzte Mutter seine zum notwendigen luft-

holenden Pausen genutzt hatte, um nach wie und warum zu fragen, und auch der Name des Schützen gefallen war, ging es nach oberflächlicher Untersuchung des Ein- und Ausschusses mit dem Fahrrad zu unserem Dorfarzt. Mein älterer Bruder indessen sattelte seine NSU-Quickly und entschwand in rasender Fahrt zum Ort des Geschehens.
Da nur wenige Minuten seither vergangen waren, erwischte er die verdatterten Bengels alsbald, stellte erst seine Quickly ab, dann den Täter zur Rede, nahm die Luftbüchse an sich und gab dem Schützen dafür eine Tracht Prügel. Die Aktion zog polizeiliche Aktivitäten nach sich und der Spatzenjagende Ohrschänder musste an einigen Wochenenden „freiwillige" Dienste im Polizeirevier verrichten. Das Loch im Ohr war kein Problem. Es war nicht gefährlich und heilte bald ab. Was aber wäre gewesen, wenn es das Auge getroffen hätte? Das war uns allen eine Warnung!
Mit den Gesellschaftsjagden auf Sperlinge ging es nunmehr bergab. Bald war Gras über die Sache gewachsen. Als Kind vergisst man ja schnell. Wir hatten uns mit einer großen Schar Bengels zu einem Kampf „Cowboys gegen Indianer" in den Wiesen außerhalb des Ortes eingefunden. Die aus Amerika herüberschwappende „Western-Film-Welle" hat die Freizeitaktivitäten der Jugend damals stark beeinflusst. Zufälligerweise waren der Kleine und ich dieses Mal bei den Rothäuten.
Mit Flitzebogen, Holzmesser und Haselspeer ausgerüstet gingen wir nach akkuratem Anpirschen des Feindes zum Angriff über. Da die jüngeren von uns die zweite Angriffswelle stellten, gelang es dem Lütten, mir seinen Haselspeer sauber von hinten in den rechten Oberarm zu pflanzen. Er blieb dort auch stecken! Jau! Da kommt Freude auf.
Ich löste ihn Brüllenderweise, wie es kein Apachenhäupling besser gekonnt hätte, sah in das schreckensbleiche Gesicht des Bruders und stürmte, den Feind total außer Acht lassend, Rache lüstern auf ihn zu. Leider war er schneller als ich und entschwand der notwendigen Tracht Prügel. Zu Haus angekommen, befand er sich bereits unter Mutters Fittichen und entging somit der gerechten Strafe. Nachdem Mutter sich den

Arm angesehen und versorgt hatte, ging es mit einem dicken Verband alsbald wieder zum Schlachtfeld. Machte sich gar nicht schlecht, so richtig verwundet. Nicht wahr! Ein Indianer kennt bekanntlich keinen Schmerz.
Der äußerst penible Umgang mit Waffen ist seither für uns erste Jägerpflicht. Diese Erlebnisse haben den Horror vor Unfällen stark geprägt.

Die Sturm- und Drangzeit kam und ging. In diesen Jahren, in denen man gewöhnlich mit seiner Ausbildung zu tun hat, wurde der Abstand zu Wald, Feld und zur Jagd überhaupt leider immer größer. In dem Alter ist man versucht und bemüht, seine Balzplätze in Kneipen und Discos zu verlegen. Man musste ja nicht immer und überall der Platzhahn sein, aber hier und dort mal eine Auseinandersetzung, oder? Die Einstandskämpfe dieser Zeit habe ich, so sieht es heute jedenfalls aus, gut überstanden. Allmählich allerdings begann ich auf meinem Büroschemel festzuwachsen.
Eines schönen Tages jedoch kam der Waldläuferfreund aus jungen Jahren zu Besuch. Was gab es da alles zu erzählen. Sein Forstpraktikum konnte er in einer nahen Försterei absolvieren und unser Heimatwäldchen wurde von eben dieser Försterei bewirtschaftet.
Na, so was! Er wolle jetzt den Jagdschein machen, und ob ich nicht Lust hätte, auch an diesem Lehrgang teilzunehmen. Heiß wurde mir der Kopf, mit einem Mal war alles wieder da!
Die alten Jägergestalten und viele erlebte Stunden in Wald, Feld und Wiese mit denselben tauchten vor meinem geistigen Auge auf. Es musste etwas passieren. Aber, aber! Da ich meine kaufmännische Weiterbildung nicht schleifen lassen konnte, sagte ich schweren Herzens ab.
Aber nun leuchtete das grüne Lämpchen wieder. Es war nicht mehr abzustellen.
Da der Freund nach bestandener Prüfung im Bereich der Försterei jagen durfte, bekam ich Mitlaufenderweise wieder mehr Kontakt zur Jägerei.

Ich ging mit auf Ansitz, auf Treib- und Drückjagden und lernte viel Neues hinzu, zumal der Revierförster dies noch unterstützte. Beruflich hatte ich bald etwas mehr Luft und somit meldete ich

mich zwei Jahre nach der Prüfung des Freundes endlich zum Vorbereitungskurs an. Ein halbes Jahr später hatte ich den Jagdschein in der Tasche und konnte durch die mittlerweile bestehenden Verbindungen zur Försterei, zuerst unter Führung eines Jagdaufsehers, in meinem Heimatwäldchen jagen.
Elstern, Häher, Karnickel und Ringeltauben mussten sich in dieser Zeit gewaltig vor meiner Flinte in Acht nehmen. Ich war wieder im Busch der Jugendzeit! Gewaltig war das! Der Wald hatte sich zwar seitdem verändert, denn die schönen, alten Eichen waren zum großen Teil eingeschlagen und die Fichten unserer „Zauberecke" hatten auch schon erste forstliche Maßnahmen über sich ergehen lassen müssen. Aber ich war wieder im Wald der Jugendzeit.
Was habe ich stundenlang auf Elstern zugebracht. Wie groß war die Freude über einen angesprungenen Tauber. Die Stimmung im Busch, wenn es langsam hell wurde und die Sonne durch die Fichten kroch, wenn die Tauber mit ihrem Konzert begannen, sodann ringsum Schwingenklatschen nach erfolgtem Schuss. Sagenhaft!
Bald durfte ich allein hinaus. es war zu schön. Ich war draußen, so oft es ging. Die grüne Welt war in Ordnung. In dieses erste Jahr meiner jagdlichen Aktivität fällt nur ein Wermutstropfen.
Ohne Vorwarnung klemmte sich mein Ischiasnerv ein und meinem jagdlichen Drang waren aufgrund der höllischen Schmerzen Grenzen gesetzt. Aber wenn irgend möglich, war ich draußen. Böse Zungen behaupteten, nach dem Grad meiner Körperhaltung müsste ich schon mindestens 50 Jahre Jagd bei Wind und Wetter hinter mir haben. Wer den Schaden hat.
In dieser Zeit wurde ich von unseren Bauernjägern zur Hühnerjagd eingeladen. Das war toll! Ich schlich zum Sammelpunkt. Auf die Frage des Pächters, warum ich denn wie ein Fragezeichen durch die Gegend laufen würde, gab ich den Grund bekannt. „Um Gottes Willen, so können Sie doch nicht jagen. Wir verlegen die ganze Aktion, ab ins Bett mit Ihnen!" Ich gab ihm zu verstehen, dass ich nicht ums Verrecken daran

dächte, meine erste Hühnerjagd sausen zu lassen. Trotz vieler Einwendungen und gut gemeinter Ratschläge dieses lieben Mannes zogen wir los. An diesem Tag schoss ich meine ersten beiden Hühner. Jeder Schuss zog kurzfristige Steigerungen der Höllenschmerzen und teilweise damit vorhandene totale Bewegungsunfähigkeit mit sich. Unverantwortlich! Verrückt!
Des Abends konnte ich nicht mehr vorwärts und rückwärts. Den Schnaps zum Ende der Jagd nahm ich im Stehen ein und lehnte auch dankend das Ansinnen meines Gastgebers ab, mich im Auto nach Haus zu fahren. Ich wäre gar nicht in die Karre gekommen. Und wenn, hätte ich sie mit Sicherheit nicht mehr verlassen können und wäre die Nacht im Auto geblieben.
Der Nachhauseweg von ungefähr 500 Meter wurde der langsamste und schmerzhafteste meines jungen Lebens. Nach ein paar Tagen der Schonung glaubte ich an Besserung. Doch dann setzte der Ischiasnerv zum Fangschuss an. Es riss mich von den Läufen, ab ins Wundbett.
Ich konnte mich nicht mehr rühren. Mein Gott, was sind das für Schmerzen! Da kommt Freude auf!
Nach ein paar Wochen Krankenhausaufenthalt, die kurz vor Weihnachten endeten, ging es wieder. Zwar schlich ich noch wie ein HD-geschädigter Drahthaar durch die Geographie, aber es ging. Somit gab es auch keinen Grund, zwischen Weihnachten und Neujahr nicht der Einladung unserer Bauernjäger auf Hasen zu folgen. Was habe ich mich über diese Einladung gefreut. Unwillkürlich stiegen die alten Bilder wieder in mir auf. Manche Jägergestalt, der mittlerweile schon lange das letzte Halali geblasen war, kam wieder in Erinnerung.
Ich konnte nächtelang nicht schlafen. Siebenundvierzigmal richtete ich tagelang vorher meine Sachen. Es sollte alles stimmen.
Ich war damals der einzige Jungjäger im Dorf und alle umliegenden Bauern und somit auch die Pächter kamen. Man darf dann nicht auffallen! Sie werden dich fixieren, ging es mir immer wieder durch den Kopf! Der Tag kam, und schon bei noch völliger Finsternis saß ich voll aufgerödelt im Wohnzimmer. Um 9.30 Uhr war erst einmal zum Frühstück bestellt.

Man darf da nicht zu spät kommen. Nicht wahr? Somit war ich dann auch prompt der erste in diesem gastfreundlichen Haus. Nicht schlecht, dachte ich bei mir. Nachdem ich mich artig für die Einladung bedankt und Auskunft über meinen Ischiasnerv gegeben hatte, wurde ich in das Jagdzimmer gebeten.
„Nun wollen wir erstmal einen Schnaps auf den hoffentlich zur Ruhe gekommenen Nerv trinken!" Der Jagdherr reichte mir ein Glas mit einem Kräuterschnaps und schwupp hatte der Nerv sein Fett weg.
Während unseres Klönschnacks trafen nach und nach die restlichen Gäste ein. Mir wurde schon ganz schwummerig, weil fast alle von meinem Nerv gehört hatten und ihn tot trinken wollten. Nach dem dritten oder vierten Stamperl täuschte ich Blasendrang vor und entkam somit glücklich dem „Aus", bevor die Jagd überhaupt begonnen hatte.
Nun einmal ging es erst zum Frühstück. Meine Güte! Frühstück?! Vorsuppe, Fleisch, Gemüse, Kartoffeln, Dessert, Rotwein und zum Schluss Kaffee. In Seelenruhe! Die können doch nichts mehr treffen, sinnierte ich. Der Ranzen war voll, der Reißverschluss des Parkas ließ sich kaum noch schließen. Na, denn mal los!
Endlich, wir bliesen Begrüßung und nach der Rede des Jagdherrn „Aufbruch zur Jagd".
Dieser Tag bescherte uns 72 Hasen und einige Fasanengockel. Ich konnte die ersten beiden Hasen in meinem Jägerleben strecken, und nach dem Schüsseltreiben zog ich selig in den heimatlichen Stall. Ein Kindheitstraum war Wirklichkeit geworden!

Die „Ersten“ oder die „Beinahe-Ersten“

Häufig kann man in den Jagdzeitschriften und auch in Büchern die Schilderung von der Ersterlegung einer bestimmten Wildart lesen. Das Mitteilungsbedürfnis dazu ist verständlicherweise bei den meisten von uns sehr groß. Oder? Irgendjemand hat einmal gesagt, das wäre doch langweilig, dauernd von der ersten Erlegung eines Bockes, einer Sau, eines Hirsches und anderer Wildarten zu berichten. Aha!
Ich finde das nicht. Aber vielleicht war der Gute ja übersatt an jagdlichem Erleben? Jedes Erlebnis diesbezüglich ist einmalig und die Freude desjenigen, dem es widerfahren ist, kann man doch mit solch einem Spruch nicht abtun!? Sei's drum.
Im folgenden März meines jungfräulichen Jägerdaseins wurde ich vom Förster zu dem auf Hegeringebene alljährlich durchgeführten Taubentag eingeladen. Ich bekam einen Stand in einem mittelalten Lärchenbestand. Schon beim Angehen am frühen Morgen waren viele Tauben in der Luft. Es war ein sonnendurchfluteter, windstiller, jedoch kühler Vorfrühlingsmorgen.
Nachdem ich meinen Stand freigeplätzt hatte und die den Ischiasnerv schonenste Stelle auf dem Sitzstock gefunden war, fielen gleich mehrere Tauben in meiner Nähe ein. Langsam erhob ich mich und pirschte auf einen fleißig rucksenden Tauber zu. Fast war ich in Schussposition, als ringsum Schwingenklatschen mich erschreckte. Mein nachgeworfener Schuss ging fehl.
Pustekuchen! So ging das den ganzen Vormittag. Ich schoss schlecht, es war zum Verzweifeln. Nicht eine Taube hatte ich bei Erreichen der festgelegten Mittagspause erlegt. Was hatte ich falsch gemacht? Auch der kommende Abend und der nächste Morgen brachten nichts.
Ich zweifelte an meinen Schießkünsten. Die Tauben waren mir über. Die Tontauben auf dem Schießstand hörten besser hin. Aber Autofahren soll man ja auch erst nach der Prüfung lernen, hab ich mal gehört.

Am Abend des zweiten Tages, es war schon ziemlich dunkel, hörte ich den Jagdaufseher anradeln. Schnell ging ich zum Weg und machte mich bemerkbar. „Na, wie viel?" war seine Frage. „Nichts!" kam es frustriert von mir.
„Ich habe Ihnen zwei Tauben auf Ihr Auto gelegt, nächstes Mal klappt es bestimmt besser".
Der Gute, ich war dem Heulen nahe. „Wenn Sie Lust haben, gucken wir an der Blitzeiche noch mal nach den Schnepfen." Schnepfen? Und ob ich Lust hatte. Viel mehr konnte schon nicht mehr schief gehen. Er wollte mich wohl ein wenig trösten.
An der Blitzeiche angekommen, einem uralten, riesigen Baum, war es bei klarem Himmel im Osten schon recht dunkel. Richtung Westen gegen den Himmel über dem Stangenholz jedoch konnte man noch ausgezeichnet sehen. Und gerade da, so erklärte mir der Jagdaufseher, streichen die Schnepfen.
„Na, denn man zu, Hals und Beinbruch!" sprach's, schwang sich auf seinen Drahtesel und wollte von dannen. Just in diesem Moment sah ich sie! Die Schnepfe kam – gegen den klaren Abendhimmel wirkend wie ein Scherenschnitt – urplötzlich über das Stangenholz gestrichen. Anbacken, mitziehen, Schuss, war nur Reflex. Sie fiel! Hinter mir im Eichenaltholz hörte ich einen dumpfen Plumpser. Ich war wie erstarrt in diesem Moment.
„Was war das denn?" kam sichtlich erschrocken die Frage des Jagdaufsehers.
Er stand wieder neben seinem Rad. „Eine Schnepfe!" Ich glaube, ich schrie es fast. „Sie muss hinter mir in den Eichen liegen."
Er sah mich an. „Na so was, na dann gehen Sie mal schön suchen. Ich warte hier."
Stockfinster war es im Altholz, als ich auf allen Vieren, schlotternd wie nach einem Eisbad, die vermeintliche Absturzstelle absuchte. Nichts! Ich wurde nervös. Absolut nichts. Verdammt noch mal! Lampe holen, schoss es mir

durch den Kopf. Ein Feuerzeug hatte ich nicht dabei, ich hatte gerade eine meiner nikotinfreien Phasen.
Weitersuchen! „Wenn Sie die Schnepfe nicht finden, suche ich morgen früh mit dem Hund“, kam es von draußen.
Morgen früh? Das kann er doch wohl nicht im Ernst meinen! Meine Schnepfe, als nächtlicher Hauptgang für Reinecke. Nee, das ging nicht an! Und wenn ich noch alle erreichbaren Lichtquellen der näheren Umgebung besorgen musste.

In diesem Augenblick, ich hatte mich aufgerichtet, sah ich, nunmehr meinen Schädel wieder einen halben Meter über der Erde hängend, die Lichter aufgerissen, dass man sie mit einer Dachlatte hätte abschlagen können, etwas Winziges, Weißes. Zigarettenkippen, oder? ging es mir durch den Kopf. Griff aber zu und... hatte Federn in der Hand. Die Schnepfe! Ein Gefühl der Freude war in mir. Vom Hirn bis in die Füße ging das.
Die Stoßfedernunterseite hatte ich gesehen. Diese sind ja schön hell. Ich hielt sie in der Hand, warm, der Kopf mit dem langen Stecher fiel zur Seite. Ich konnte nicht recht denken in diesem Moment. Jetzt musste ich zum Jagdaufseher. Aus dem Stand stürzte ich los und schlug prompt lang hin. Meine Flinte, die ich geöffnet mit den Läufen nach vorn trug, ließ es sich nicht nehmen, mir diese sehr eindrucksvoll in das Gesicht zu drükken. Ich sah Sterne. Egal.
Leicht benommen kam ich draußen an. „Haben Sie die Schnepfe?“ blinzelte er mich an. „Ja, hier ist sie!“ Stolz hielt ich sie ihm entgegen. „Donnerwetter Junge, die Tauben wollten nicht hören und jetzt die Schnepfe, Weidmannsheil!“
„Weidmannsdank“ gab ich mit belegter Stimme zurück. Ich konnte es nicht fassen. Ich hatte eine Schnepfe, meine erste, geschossen.
„Wir müssen unbedingt einen Schnaps trinken“ lud ich ihn ein. „Nee, keine Zeit mehr, ein andermal bestimmt. Nehmen Sie sich man ordentlich einen zur Brust. Das erleben Sie nicht alle Tage!“ sprach’s, drückte mir die Hand und radelte hinfort.
Langsam, ganz langsam ging ich, immer wieder stehen bleibend, die Schnepfe betastend, durch den wunderschönen, schon den kommenden Frühling ankündigenden, klaren Märzabend zu meinem Auto.
Aufgrund leider nicht vorhandener Weidgesellen musste sich meine Frau zum 100sten Mal die Geschichte der Erlegung, das Drum und Dran anhören. Ich schwebte! Als es dann Schwebenderweise zum Bett ging, hatte ich die Pulle Himbeergeist auf väterliches Anraten des Jagdaufsehers dermaßen nach-

gesehen, dass diese ein ordentliches Stück Luft in ihrem Innern zeigte. Auch diesbezüglich bleibt mir die Schnepfe in Erinnerung, der schwere Kopf am nächsten Morgen war nicht ohne. Macht man ja nicht alle Tage. Die Schnepfe war es wert.

So schnell und unverhofft mir Diana, Artemis und auch Hubertus die Schnepfe zugestanden hatten, umso länger ließen sie mich bei den ersten Stücken Schalenwild und auch mit einem Vertreter aus Reineckes Sippe zappeln.
Mein erster Rehbock war dann auch prompt ein Schmalreh.
Der Revierförster rief mich eines Abends Anfang Juli an und fragte, ob ich Lust hätte, einen Knopfbock zu erlegen. Ob ich Lust hätte?! Menschenskind, das durfte doch nicht wahr sein. Na klar hatte ich Lust.
„Kommen Sie morgen Mittag in mein Büro, ich kann Sie dann einweisen." Das bekam ich gerade noch mit. Den Telefonhörer hielt ich noch in der Hand, als meine Frau sorgenvoll anfragte, ob alles klar sei mit mir. Wahrscheinlich habe ich genau die verklärten Augen gehabt, wie einstmals beim Anblick des ersten voll aufgetakelten Weihnachtsbaumes.
Ich hörte mich mit Grabesstimme sagen: „Ich habe einen Rehbock frei!" Erst als ich Freude in ihrem Gesicht bemerkte, brach es auch bei mir durch: „Ich habe einen Rehbock frei, jau!!"
Am nächsten Tag wurde mir an einer Wald-Feldkante ein schon etwas fossil wirkender niedriger Hochsitz angewiesen, der sich allerdings beim näheren Hinsehen als solide erwies.
„Ein Freund von mir hat hier vorgestern einen Knopfbock geschossen, der hatte soviel auf." Beängstigend niedrig war der gezeigte Abstand zwischen Daumen und Zeigefinger.
„Der Knopfbock, der nun noch hier rumläuft, ist noch schwächer!" Der Abstand verringerte sich um einige Millimeter. Mir wurde mulmig. „Sie müssen also genau hinsehen. Wenn Ihnen ein Fuchs kommt, schießen Sie ihn. Wir haben Tollwut."
Er empfahl, die Kanzel noch zusätzlich mit Fichtengrün zu verkleiden und mahnte noch an, nicht zu unruhig auf dem Sitz zu hocken. Damit verschwand er. Nun stand ich da.

Ein kleines Stück Weg an der Feldkante entlang standen Fichten. Ich schnitt mir etliche Zweige ab und flocht sie in die Latten der Kanzelverkleidung. Nun konnte die Sache laufen, gleich heute Abend. Doch etwas unsicher saß ich einige Stunden später auf dem Brett der Kanzel. Bei noch gutem Tageslicht herrschte noch reger Spaziergängerverkehr am Wald.
Aber kaum einer hat mich hinter meiner Tarnung entdeckt. An diesem Abend trat, schon in der Dämmerung, ein älterer Bock aus, sonst nichts. Ordentlich gezittert habe ich, als ich es knacken hörte. Der Bock kam nur 20 m links von meinem Sitz aus dem Bestand.
Sicherte kurz auf dem Weg und zog dann flott in die Rüben. Bald darauf war deutlich das Knacken beim Abzupfen der Blätter zu hören. Ich hatte ausreichend Zeit, mir den wohl schon älteren Herrn anzuschauen. Nicht schlecht, was er zwischen den Lauschern hatte.
Schlagartig fielen mir Daumen und Zeigefinger des Försters wieder ein. Hitzeschauer überfielen mich. Wie sollte man die denn bloß erkennen? Kommt Zeit, kommt Rat. Die nächsten Tage vergingen ohne Knopfbockanblick. Oder war er doch einmal da?
An einem Abend hatte ich bei einem Stück so ein Gefühl. Aber nichts, absolut nichts auf dem Haupt. Einen Pinsel konnte ich in den hohen Rüben nicht entdecken. Wird wohl ein Schmalreh sein, tröstete ich mich. Und so war es auch. Das Schmalreh, der ältere Bock und zwei Ricken mit ihrem Nachwuchs wurden meine Stammgäste.
Die Ansitze wurden nicht langweilig, immer gab es etwas zu schauen. Der erwachende Tag mit seinen Vogelstimmen, wenn langsam die Nacht wich und immer mehr im Feld zu sehen war. Ebenso die untergehende Sonne, die Ruhe in die Welt brachte. Wenn die Drossel zum letzten Mal ein aufgeregtes Zetern hören ließ und hier und dort ein Ast knackte, dann wurde es heimlich am Waldesrand. Bis ich nichts mehr sehen konnte, hielt ich aus. Erst dann war Abmarschzeit.
Schon in diesen ersten Tagen an der Feldkante habe ich mich in diesen Revierteil verliebt! Eine Liebe, die auch heute noch be-

steht. Viele Stunden habe ich seither auf den Leitern an der Feldkante zugebracht. Selten einmal, dass es langweilig wurde.
Die Rehe kannte ich nun schon alle genau und entdeckte auch weitere Stücke im oberen Teil des Rübenackers. Mein Knopfer war nicht dabei. Der Förster empfahl, einige Tage mit dem Ansitz auszusetzen. Das war richtig. Nach einigen Tagen sieht man vieles in einem ganz anderen Licht. Verstänkert war die Ecke schon ausreichend durch den Spaziergängerverkehr auf dem Weg. Darauf brauchte ich keine allzu große Rücksicht nehmen. Das Wild kannte das.
An einem Samstagmorgen hockte ich vor Tageslicht auf meinem Kanzelchen und hatte innerlich mit mir schon Wetten abgeschlossen, wie viel Stücke Rehwild ich in Anblick bekommen würde. Risikofaktor war dabei eigentlich nur der Knopfer. Aber er würde mich ja wohl nicht gerade heute in die Pfanne hauen und meine Statistiken durcheinander würfeln.
Doch, er musste, er sollte, hoffentlich tat er es!! Ich musste tief durchatmen.
Dabei schaute ich nach rechts, wurde somit gewahr, dass es auf dem teilweise abgeernteten Gerstenschlag schon ordentlich hell war und erhaschte eine Bewegung in den Strohschwaden. Das war doch kein Reh, blitzte es im Hirn. Langsam nahm ich mein Glas an die Augen. Es hüpfte und schlängelte und hüpfte wieder. Ein Fuchs, klar. Ganz deutlich sah ich ihn nun. Reinecke war am Mausen. Ich hatte ihn verpennt. Er musste nicht weit von mir rechterhand in das Feld gezogen sein und trabte nun flott, immer wieder mal plötzlich verhoffend und sodann auf allen Vieren abhebend, in Richtung Bauernhof, der meiner Kanzel schräg gegenüber lag.
Wohl 200 Meter trennten uns schon, meinte ich nach einer Zielübung zu wissen. Meine Güte, war der winzig im Zielfernrohr. Schade, dachte ich, das wäre dein erster Fuchs gewesen. Der Förster hätte sich bestimmt der Fasanengesperre und Junghasen wegen gefreut und nicht zuletzt herrschte Tollwut. Sachte setzte ich die Waffe ab, entdeckte zur Linken schon im Feld stehendes Rehwild, langte mir mein Fernglas und hielt

es in Richtung Fuchs. Weg war er! Pech gehabt! Hättest du nicht gepennt, schimpfte ich innerlich.
Ich glaube, ich habe mir noch – rein so für mich, ganz stumm – einige gröbere Sachen an den Hals geschmissen. Erst jetzt merkte ich, dass ich ein wenig schlotterte. Es war zwar frisch an diesem Morgen, aber kein Grund zum Schlottern. Der Fuchs hatte mich ganz schön rangekriegt. Bis zum heutigen Tag hat sich mein Jagdfieber beim Fuchs nicht gelegt.
Kein anderes Wild kann mich dermaßen in Schwingungen versetzen. Es schwingt bei den anderen auch, aber nicht so intensiv, bis auf kleine Nachwehen nach dem Schuss.
Reinecke hat mich seitdem im Griff. Bei keinem anderen Wild habe ich, das kann man ruhig zugeben, so oft vorbeigeschossen, was heißt geschossen, gewackelt. Können Sie sich das vorstellen?
Ich habe mal versucht nachzurechnen und komme bei einigem Wohlwollen auf etwa zwei Füchse pro Jahr! Bei gut zwanzig Jahren. Na ja! Darf man gar nicht für möglich halten. Zu meiner Ehrenrettung muss gesagt werden, dass ich auch etliche in den Rucksack stecken konnte. So ist es nun auch wieder nicht.
Nun aber zurück zu den Rehen. Befriedigt stellte ich fest, dass ich mit meiner Wette bislang gut platziert war und steckte mir erst einmal, immer noch leicht vibrierend, eine Zigarette an.
Damals habe ich das noch getan. Allmählich kehrte eine gewisse Beschaulichkeit ein, bis mit einem Mal der Fuchs wieder im Feld stand. Wahrscheinlich war er gar nicht weg gewesen. Die Strohschwaden hatten ihn verdeckt. Auf gut 100 Meter war er rechterhand schon in Richtung Wald marschiert. Gedacht habe ich – glaub ich – nicht in diesem Moment.
Ich hatte die Bockbüchsflinte mit einem Mal am Kopf! Nun war er schon wesentlich größer im Absehen als es vorhin der Fall war. Wiederum zog der Fuchs an. Ich ging mit dem Absehen mit. Plötzliches Stoppen, er äugte zu mir. Ein faszinierendes Bild im Zielfernrohr.
Mit einem wahnsinnigen Knall war der Schuss draußen und hallte von den Bestandesrändern zurück. Der Fuchs schlug um

und lag! Aus meiner aus einem osteuropäischen Land stammenden Bockbüchsflinte verschoss ich damals H-Mantel-Kupferhohlspitz im Kaliber 7 x 65R. Ich bin bald davon abgekommen. Auf Reh und Fuchs war mir die Laborierung zu brutal. Die Waffe habe ich dann allerdings auch bald veräußert. Trotz der absoluten Preiswürdigkeit der Waffe hatte auch der Kugellauf einen Ejektor und ab und an einmal landete die leere Patrone in meinem Gesicht. Ansonsten war das ein herrlicher unempfindlicher Prügel. Zurück zu Reinecke.
Der Schuss war verhallt. Jetzt schreckte Rehwild. Nun aber wirklich schlotternd, öffnete ich die Waffe, wich der mir entgegen fliegenden Hülse aus, stopfte nach und war wieder im Anschlag. Nichts mehr. Keinen Muckser tat er mehr. Mein rechtes zitterndes Knie mahnte eine andere Stellung an. Der Fuchs lag, und leicht benommen führte ich mir bei bedrohlich trokken werdender Kehle den nächsten Glimmstängel zu Gemüte. Die Rehe hatten sich beruhigt, und ich wartete ihr Einwechseln ab, bevor ich aufs Feld ging.
Lang hingestreckt lag die junge Fähe in den Stoppeln. Sie sah viel kleiner aus, als sie mir vorhin vorkam. Lange habe ich bei diesem Fuchs gesessen und musste meine Gefühle sortieren. Der Erlegerstolz hat dann obsiegt. Die freundlichen Worte des Försters ein paar Stunden später machten die Sache komplett.

Der Knopfbock blieb verschwunden. In den nächsten Tagen, in den kommenden Wochen.
Ich setzte wiederum ein paar Tage aus. Der erste Ansitz danach war wieder ein schöner, klarer Morgen im September. Und just an diesem schönen Morgen zog ein zierliches Reh in die Rüben, das ich nicht kannte. Mein Hirn löste Vollalarm aus. Am Fernglas kurbelnd suchte ich die Knöpfe. Da sind doch welche, verdammt noch mal. Oder nicht? Meine Augen brannten und tränten. Ich wischte sie trocken und nahm das Glas erneut zum Kopf.
Mann, oh Mann, was ist es denn nun? Das Stück stand in einer nicht gar so hohen Rübenpartie und dann, ja dann konnte ich

den Pinsel sehen. Glaubte ich. So ein mickriges Kerlchen, er will mich narren. Doch das war nun vorbei. Unwillkürlich stieß ich die angehaltene Luft durch die Zähne und erschrak dabei ordentlich. Der Förster hat ein paar Stunden später nur gegrinst, als ich das schwache Schmalreh an die Waage hing.
„Wie schwer ist die Madame denn?“ grinste er noch immer.
„Knapp zehn kg gab ich kleinlaut von mir.“ „Na, denn man Weidmannsheil. Aber jetzt schauen sie genau hin, wenn Sie wieder draußen sind, der Knopfbock muss ja noch rumlaufen.“
Ich schluckte. Weiterjagen durfte ich, weiterjagen auf den Knopfer. Leise kam mein Weidmannsdank. Hinausschreien hätte ich es können.
Ein junger Jäger, der ebenfalls in der Försterei jagte und bei uns stand, freute sich mit mir und strahlte über das ganze Gesicht. Er war nach meinem Schuss zu mir gekommen und mit mir zum Stück gegangen. „Du siehst aus wie eine Kalkwand, was ist los, freu dich!“
Jetzt kam sie durch die Freude. Auf geht’s, auf den Knopfer. Erwischt habe ich ihn nicht.
Am 14. Oktober kam ein Jährling mit knapp drei Zentimeter langen Spießen an der Eichenleiter, die oberhalb der Kanzel

steht, in das Feld gezogen. Im wirklich letzten Büchsenlicht entschloss ich mich zum Schuss. Der Bock war mir eigentlich zu üppig mit seinen Spießchen. Einen Knopfer hatte ich nur frei. Jetzt lag der Spießer. Ich trug den Bock zum Auto und fuhr zur Försterei.

„Der hat ja noch ganz schön zugelegt seit dem Juli“ flachste der Förster. „Weidmannsheil, Menschenskind, das hat ja gedauert!“

Das war die Sache mit dem ersten Bock, der ein Schmalreh war!

Von Juli bis Oktober war ich Stammgast an der Feldkante und habe bis zur Erlegung des Jährlings hervorragend Gelegenheit gehabt, viel Nützliches während meiner Ansitze zu lernen.

Ein so ausdauerndes Ansitzen auf einer Leiter im Bestand wäre sicherlich nicht gut. Nachdem man so intensiv die Gegend verstänkert hat, sind Ansitze ohne Anblick nachhaltig vorprogrammiert. Die Möglichkeit, Anblick an einer Wald-Feldkante zu haben, an der alle möglichen anderen Naturnutzer und auch deren Tiere schon für einen gewaltigen Gerüchemix sorgen, ist dagegen besser. Unser Wild gewöhnt sich an die tausend Gerüche, von denen sie in der Regel keine Gefahr zu erwarten haben. Es ist erstaunlich, wie dreist auch unsere Rehe diesen Tatbestand nutzen. Ich habe erlebt, dass Jogger kaum fünfzig Meter vom Wechsel entfernt waren und Rehwild unverzüglich in die Rüben zog. Bei Spaziergängern mit Hunden waren sie dann allerdings doch etwas vorsichtiger. Ein längeres Verhoffen noch im Bestand war dann notwendig, um die Lage zu sondieren.

Raffzahn's Sippe

„Ich habe eine Sau gesehen!" Diese Worte lösten abends in der Försterei allgemeine Begeisterung und Neugier aus. Wo? Wann? War das Stück allein? Warum hast du nicht geschossen?

Der, dem es widerfahren war, musste Rede und Antwort stehen. Wir alle haben damals keine große Erfahrung mit den Sauen gehabt. Aus diesem Grunde hing auch recht selten einmal ein Stück in der Wildkammer. Es war eine Sensation, als bei einer kurzfristig anberaumten Drückjagd, nachdem sich Sauen gefährtet hatten, einmal sieben Stück auf der Strecke lagen.

Sie waren da. Mal hier, mal dort konnte man Gebräche finden. Nur in Anblick bekam man sie selten.

Die ersten Sauen, die mir die Ehre gaben, sah ich im Sommer an der Feldkante.

Die anderen Pirschbezirkführer hatten schon öfter Sauen vorgehabt und das eine oder andere Stück mit nach Hause bringen können. Ich hatte nicht einmal eine gesehen.

Lediglich auf einer großen Treibjagd, die den Hasen und Fasanen galt, die noch in sehr guten Besätzen vorhanden waren, kamen zwischen mir und meinem Nachbarn zwei Überläufer aus dem Kessel. Beide wurden erlegt. Die Krönung des Tages. Die Sauen explodierten regelrecht aus dem Kessel heraus und es war ein gewaltiges Bild, sie hochflüchtig durch den Schnee abgehen zu sehen.

Nun jedenfalls hatte ich die Sauen vor mir. Noch bei gutem Licht kam etwas Schwarzes aus der Gerste. Im ersten Moment dachte ich an den Hofhund des Bauern. Der nutzte seine knappen Ausläufe des Öfteren dazu, mal eben das Feld zu inspizieren.

Aber das war kein Hund. Eine Sau! Aber was für eine!

Das Problem wurde sofort gelöst. Im Glas konnte ich hinter dem Stück vier winzige Frischlinge ausmachen. Eine Bache mit ihrem Nachwuchs hatte sich in der Gerste häuslich einge-

richtet. Das war toll. Vermutlich würde der Bauer meine Meinung nicht unbedingt teilen?
Nun auch Sauen bei mir. Ich war begeistert. Nicht ganz so begeistert war ich im letzten Sommer, als ich, um weitere Wildschäden zu vermeiden, nach zig Ansitzen an eben dieser Feldkante über vierzig Sauen aus dem Weizen kommen sah. Mir blieb die Luft weg bei dem Gedanken, was nun mit dem Getreide und mit den Rüben passieren würde. Dies nur nebenbei.
Die Bache mit ihren Winzlingen zog an der Gersten/Rübenkante zehn Meter links von meiner Leiter in den Wald. Diesen Abend war ich an der Reihe, Bericht zu geben. Es war fast so, als hätte ich einen Hundertfünfzig-Kilo-Keiler erlegt. Soviel habe ich geschwafelt.
Richtig ernst wurde es allerdings an einem wunderschönen Sommerabend. Wir hatten vor, in einem Hainbuchenstreifen eine niedrige Kanzel zu errichten. Bislang gab es dort nur eine kleine, grob zurechtgezimmerte Bank, die zwischen zwei Stämmen stand. Für ein längeres Ausharren auf Sauen nicht geeignet. An diesem Abend saßen ein handwerklich sehr begabter Freund und ich auf dieser Bank, um uns über den genauen Standort dieser Kanzel im Klaren zu werden. Meine Bockbüchsflinte hatte ich zwei Meter vor der Bank an einen Stamm gelehnt.
Das war nicht gut! Wir waren gar nicht mal leise, ja gewaltig am Lamentieren. Da muss sie hin, oder besser da? Hin und her ging das Für und Wider.
Aus diesem Grund bekam ich auch nur im Unterbewusstsein mit, dass hangabwärts in den Fichten ein Stück Rehwild schreckte. Plötzliches Knacken in den Fichten – ungefähr dreißig Meter links von mir – ließ uns schlagartig das hierhin oder dorthin mit der Kanzel vergessen.
Da stand eine Sau. Und was für eine! Ein Keiler, das war klar. Selbst in der Sommerschwarte wirkte er gewaltig. „Raffzahn“ war es!
Der Keiler musste sich irgendwann einmal ein Gewehr abgekämpft haben und hatte somit seinen Namen weg. Unter hundert Kilo hat er wohl nicht gewogen.

Die ganze Jägerei im Umkreis war hinter ihm her. Nun stand er vor mir. Wir konnten die Sau riechen. Der Wind war gut, doch irgendetwas beunruhigte das Stück. Hörbar zog er die Luft ein, die Teller waren in Bewegung. Wir trauten uns kaum zu atmen. Mein Gewehr!, schoss es mir durch den Kopf. Zwei Meter trennten mich von der Waffe, zwei Meter. Unendlich langsam rutschte ich auf die Knie, immer die Sau im Auge. Sie stand! Im Zeitlupentempo Knie für Knie nach vorn. Keine Veränderung bei meinem Gegenüber.
Eine eigenartige Stimmung. Millimeter um Millimeter streckte ich die Hand aus, zog die Waffe zum Körper, wollte anschlagen. Da war es passiert! Ohne Vorwarnung setzte sich das Stück in Bewegung und zeigte mir das Hinterteil. Zu spät, aus, vorbei! Die Sau war weg.
Ich glaubte, die Luft knistern zu hören. Ich erwachte erst aus meiner Starre und erschrak richtig, als mein Nachbar sagte: „Was war denn das für ein Koffer?" Weg war er, der Koffer, Raffzahn. Ich hatte die lebende Wildschweinlegende unseres Höhenzuges auf ein paar Meter vorgehabt.
Pech! Sehr leise unterhielten wir uns jetzt. Nicht mehr über Kanzelstandorte. Zu ergriffen waren wir von diesem Erleb-

nis. Eine Stunde später sahen wir noch einen Überläufer zu unserer Rechten. Aber der ging gleich blasend im scharfen Troll ab, als er Wind von uns bekam. Zur Krönung dieses Tages schoss ich dann zwei Stunden später auch noch einen Fuchs vorbei und hatte dann das dringende Verlangen, diesen wunderschönen Tag mit einem ausgiebigen Thekenaufenthalt ausklingen zu lassen. Mann, oh Mann!
Geträumt habe ich von diesem Keiler. Meines Wissens ist er, jedenfalls in der näheren Umgebung, nicht zur Strecke gekommen.
Schwarzwild habe ich dann ab und zu vorgehabt. Leider war der Zeitpunkt noch nicht da, einmal eines in die Wildkammer zu hängen. Vielleicht war ich aber auch das eine oder andere Mal zu vorsichtig? Gut so!

Meine erste Sau habe ich dann eigentlich meinem jüngeren Bruder zu verdanken, der mittlerweile ebenfalls Jäger war. Er war von einem Bekannten zu einem Sauansitz in einem Harzrandrevier eingeladen. Zu der Zeit war er in der unglücklichen Lage, über keinen fahrbaren Untersatz zu verfügen. Er bat mich, ihn am Nachmittag dorthin zu bringen und am nächsten Morgen wieder abzuholen. Es lag jede Menge Schnee und es war um die -10°C. Mond war auch noch da. Optimal!
Nach Dienstschluss chauffierte ich den „Kleinen" zu dem Revier. „Wenn du schon mal hier bist, kannst du dich gleich mit ansetzen, Sauen sind genug da!", also sprach der Jagdaufseher, der Bekannte meines Bruders.
Klamotten und Büchse hatte ich im Auto, da ich in meinem Pirschbezirk sowieso einen Ansitz geplant hatte. „Du brauchst dann morgen früh nicht noch einmal die vierzig Kilometer machen". Das war ein guter Vorschlag meines Bruders.
Da revierunkundig bekam ich einen alten Freund von mir als Führer zugewiesen. Er hatte sich für ein paar Tage in der Jagdhütte des Reviers häuslich eingerichtet. Obwohl Nichtjäger, war er schon von Kleinauf sehr der grünen Sache zugetan.

„Du gehst mit M. an die Hauptsuhlenkanzel, dein Bruder geht an die große Wiese. Wir sitzen bis um 1.00 Uhr. Weidmannsheil!“ Gesagt, getan. Wir zogen uns warm an, nahmen noch einige Decken mit und stapften durch den Schnee zum Ansitz. Eine riesige Kanzel war das, auf der wir uns nun einrichteten. Sie stand in einem Fichtenaltholz, eine grandiose Kulisse.
„Meistens kommen die Sauen oben vom Hang, manchmal auch von links, pass auf!“ sprach mein Begleiter, nahm einen kräftigen Hieb aus der Rumpulle und vergrub sich hinter mir sitzend in seine Decken. Bald war nur noch ein leichtes, aber ständiges Schnarchen von ihm zu hören. Auch gut, dachte ich. Hoffentlich wird es nicht lauter. Zwei Stunden passierte nichts. Nur einmal schnürte ein Fuchs auf sehr weite Entfernung vorbei. Es war eine gewaltige Stimmung; windstill, Schnee, halber Mond, gewaltiges Licht und sehr kalt. Am nächsten Tag hörte ich, dass wir in der Nacht um die -16°C hatten. Aus diesem Grunde ertappte ich mich des Öfteren dabei, dass ich ab und zu nach der hinter mir stehenden Rumbuddel schielte. Nee, hilft auch nur im Moment, lass es! Ich beugte mich vor, um aus der linken Luke ein wenig um die Ecke zu schauen. Es riss mich gewaltig zusammen. Sauen! In breiter Formation kamen sie durch das Altholz. Leise. Nicht zu hören. Ich erstarrte. Herrschaften! Einundzwanzig Sauen! Das hatte ich bis dahin noch nicht gesehen.
Mein Kumpel schnarchte leise. Wenn das man gut geht? Sollte ich ihn wecken? Vorsichtig bugsierte ich die Büchse aus der Luke. Die stärkeren Stücke fingen an zu brechen, keine hundert Meter vor mir. Dann war mit einem Mal ein Durcheinander. Kreuz und quer lief die Rotte durcheinander. Ich kam nicht klar. War ich auf einem Wutz drauf, ruck zuck stand er woanders. Mir wurde heiß, Teufel noch mal.
Mein Hintermann wurde wach. „Was ist los?“ kam es nicht gerade leise. Auch das noch. Die Sauen hatten nichts mitbekommen. „Sauen!“ hauchte ich. Er hielt seinen Schädel an die Luke. „Und warum schießt du nicht?“

„Sie rennen dauernd durcheinander“ Ich zuckte mit den Achseln. „Man los, Mensch!“ kam es nun wieder etwas lauter. Der hat Nerven. In diesem Moment bekam einer der Frischlinge von einem stärkeren Stück ein paar ordentliche Hiebe. Laut klagend, eigentlich mehr fliegend als laufend, stand es nun am Rande der Rotte. Sehr laut kam mir der Schuss dann nicht vor. Nach allen Seiten spritzte die Rotte auseinander, nur eines nicht. Sie lag am Anschuss, ohne sich noch einmal zu bewegen. Ich wäre fast hochgesprungen. Mein Kumpel schlug mir auf die Schultern, dass ich befürchten musste, dauerhaften Schaden davonzutragen.

„Mensch, sie liegt“, grölte er und drosch weiter. Er reichte mir die Rumbuddel. Jetzt konnte ich einen Schnaps vertragen! Dann qualmten wir beide erst einmal und laberten das gerade Geschehene achtundvierzig Mal durch. Meine erste Sau! Nicht einmal im eigenen Pirschbezirk. So was.

Nach einigen Rauchopfern und wiederholter Inhaltsprüfung der Rumbuddel marschierten wir zum Stück. Ich hätte meinen Jagdführer umarmen können. Aber dann, so glaube ich, hätte er mir eine geknallt. Er freute sich über die Sau, als hätte er sie selbst geschossen. So was gibt es. Nachdem ich

das Stück aufgebrochen hatte – es war ein weiblicher Frischling – zogen wir es gemeinsam, mächtig in Qualm kommend, bis zur Jagdhütte. Das waren ein paar Meter.
Die nachher gewogenen 33 Kilo wurden uns bergauf ziemlich schwer. Aber was zählt das schon. Ich wollte sie gar nicht mehr loslassen und es bedurfte einiger klarer Worte meines Freundes, das Stück wohl doch lieber nicht mit an den Hüttenofen zu nehmen.
Wir brauten uns einen ordentlichen Grog, der uns bar jedes Zweifels nach dieser Aktion zustand. Stunden später kamen der Jagdaufseher und mein Bruder. Der Kleine freute sich mit mir, hatte selbst aber nur die vorbeiflüchtende Rotte nach meinem Schuss gehört.
„Eigentlich sollte Dein Bruder ja auf die Hauptsuhlenkanzel, aber als ich wusste, dass Du hier bleibst, habe ich kurzfristig umdisponiert“, sagte beiläufig der Jagdaufseher und fügte hinzu „bedank Dich bei ihm.“ Ein kurzer Blick genügte zwischen uns beiden. Es war Glückssache, was da passiert war. Wie so oft im Leben eines Jägers. Damit war der Knoten geplatzt, nun klappte es auch häufiger im eigenen Pirschbezirk. Treffe ich heutzutage mit meinem damaligen „Jagdführer“ zusammen, kommt oft die „Weißt du noch“-Phase und „Zack“, da ist sie wieder, die Nacht, die Kanzel, die erste Sau.
Durch Erzählen wird vieles wieder lebendig, manchmal so, als wäre es gestern gewesen. Es ist doch herrlich, wenn man sich die Erinnerungen in unserer hektischen Welt bewahren kann. Viele Kreaturen, die ich danach auf die Strecke legen konnte, gingen in der Erinnerung bezüglich ihrer Individualität unter. Bis auf einige Ausnahmen. Deshalb ist es gut und schön, wenn wir von unseren „Erstlingen“ begeistert erzählen können.

Mittlerweile war ich schon einige Zeit in Diensten der Försterei, in der ich einmal angefangen hatte, jagdlich das Laufen zu lernen. Der Forstaufseher ging in Rente und die Stelle wurde frei. Was habe ich in der Einarbeitungszeit über diesen Mann gelacht. Ein kerniger Schlesier, der nach dem Krieg hier in der

Försterei gelandet war. Seit kleinauf war er im Busch. Wenn er auf schlesisch fluchte, riss es mich aus den Stiefeln. Meine Herren, war das ein Repertoire! Nach außen manchmal grob wirkend, besaß er doch einen weichen Kern.
Ein lieber, aufrechter Mann. Ich sehe immer noch das sorgfältige Zuknöpfen und Glattstreichen der Waldbluse nach getaner Arbeit. Dann rückte er seine Baschlikmütze zurecht, sah mich aus seinen freundlichen Augen an und sagte: „Feierabend Heinz, ham mersch wieder a mol, kumm ock“. Herrlich diese Mundart.
Als die Stelle zur Disposition stand und mir damit die Möglichkeit gegeben wurde, in den Wald zu gehen, habe ich beim Pro und Contra dieser Angelegenheit schlaflose Nächte zugebracht. Einerseits ein gut dotierter Büroschemel, andererseits den Wald mit einem Fragezeichen in Richtung Zukunft versehen. Meine verständnisvolle Frau hat dann einen Strich unter die Sache gezogen: „Du möchtest doch gerne raus, also tu es!“ Ich tat es.
Als ich meinem Abteilungsleiter die Kündigung offerierte, hatte er das Flackern in den Augen. Er hat damals bestimmt geglaubt, dass ich reif für die Couch war. Ich habe es nicht bereut.
Dass das Schicksal einen beruflichen Verbleib bis zum Rentenalter leider nicht zuließ, stimmt mich manchmal ein wenig traurig. Es ist alles vorbestimmt. Davon bin ich überzeugt. Wir können lediglich versuchen, minimale Korrekturen vorzunehmen. Alsdann!
Regelmäßig durchliefen Forstpraktikanten unsere Försterei, und viele sind noch bis heute der alten Ausbildungsstelle treu und lassen sich zu allen möglichen Anlässen einmal sehen.
Einer von ihnen war Ernst. Sein Vater war Amtsleiter in einem Harzer Forstamt. Somit passierte es eines Tages, dass ich mit ihm auf Rotwild ansitzen durfte. Gewaltig!
Zwei Kälber habe ich während der gesamten Harzer Zeit erlegen können. Rotwild sahen wir eine ganze Menge. Wunderschön die Ansitze. Ein unvergessenes Bild, als eines Morgens im Herbst, kurz vor der Brunft, die Harztäler ringsum im Nebel

lagen, wir hier oben aber im hellen Sonnenschein saßen. Ein grandioser Ausblick. Die Kanzel hatte den richtigen Namen: „Zur schönen Aussicht“. Auf eben dieser Kanzel habe ich dann erstmalig Zielübungen auf einen jungen Hirsch gemacht. Leider hatte ich ihn nicht frei. Nachdem die Freigabe bis zum ungeraden Achter erfolgte, habe ich keinen dieser Herren mehr in Anblick bekommen.

Doch, einmal hatte ich einen geringen Hirsch vor, allerdings bei einer Drückjagd, zu der das Forstamt eingeladen hatte. Es lag wahnsinnig viel Schnee in diesem Winter, somit konnten nur die unteren Lagen des Forstamtes durchgedrückt werden. Wir kamen mit dem Auto einfach nicht nach oben. Geländewagen hatte damals kaum einer. Ich meine allerdings, dass auch diese es nicht geschafft hätten. Mein Stand befand sich ziemlich am Ende des ersten Drückens.

Jeweils links und rechts standen Forstbeamte. Wir drei durften auf Anweisung des Jagdleiters den vor uns liegenden Hang beschießen. Die Treiber gingen nur bis zu einem Talkessel, der sich vor diesem Hang befand und konnten somit nicht in Gefahr geraten. Die Sache lief schon eine Weile und es knallte ein paar Mal. Aufpassen! Als ich meinen linken Nachbarn Kopfdrehenderweise wieder einmal in Augenschein nahm, sah ich diesen mit angeschlagener Büchse in das vor uns am Hang stehende Stangenholz zielen. Schon knallte es. Einmal, zweimal! Donnerwetter! In rasender Todesflucht kamen Alttier und Kalb den Hang herunter, überfielen dicht neben dem Schützen den Weg und brachen verendet hinter diesem zusammen.

Alle Achtung, ich war mächtig zappelig von dem, was da gerade passiert war.

Ich lupfte meinen Hut. Der Schütze deutete einen Gruß an und zeigte mit dem Zeigefinger in den Hang. Nanu? Was will er? schoss es mir durch den Kopf. Beharrlich stieß er den Zeigefinger immer wieder in Richtung Hang. Erst jetzt, wie aus einer Umklammerung befreit, schaute ich in diese Richtung. Vorerst sah ich nur etwas Braunes am Hang entlang ziehen.

Fragender Blick zum Nachbarn. Der Finger war immer noch oben, er nickte nun auch noch fortwährend mit dem Kopf. Ich nahm meinen Schädel wieder in Richtung Hang. Ein Hirsch! Richtig erschrocken, stellte ich das nun fest. Bis zum ungeraden Achtender waren sie frei.

Langsam hob ich die Büchse und konnte im linken Augenwinkel gerade noch das nunmehr zustimmende Nicken meines Nachbarn registrieren. Was hat er auf? Durch das Zielfernrohr sprach ich an. Sechser! Nee, Achter, also tabu! Halt! doch Sechser!
Dies alles hätte ich mir sparen können. Bei einigem Überlegen hätte ich auf den Bolzen kommen müssen, dass mir diese Sorgen schon mein Nachbar abgenommen hatte. Aber, überleg mal klar in einer solchen Situation. Der Hirsch war mittlerweile in ein Frostloch gezogen, das sich im Stangenholz befand. Scheibenbreit stand er da, keine hundert Meter von meinem Stand und äugte mich an. Rumms! Der Schuss war draußen. Der Hirsch stand, er stand und äugte mich an. Was war los? Daneben? Ich wurde nervös, der Hirsch auch. Jetzt erst setzte der Denkkasten wieder ein. Repetieren, drauf! und weg war der Hirsch.
Mit gewaltigen Fluchten ging es über den Hang. Alles war leer in mir. Mir war schlecht. Meine Knie zitterten. So eine Möglichkeit! Ich hatte sie vertan! Saublöd hast du reagiert.
Diese innerlichen Vorwürfe nahmen ein jähes Ende. „Da sengt der Kerl auf hundert Meter drüber weg, das darf doch nicht wahr sein. Da habt ihr Karnickeljäger schon mal einen Hirsch vor, der scheibenbreit vor euch steht und trefft nicht!" Mein Nachbar schmiss zur Bekräftigung seiner Worte seine Mütze auf den Boden und gab ihr einen kräftigen Tritt.
Karnickeljäger? Wut kam in mir hoch, obwohl ich die Sorgen der Harzer Forstbeamten bezüglich der Erfüllung des Abschussplanes durchaus verstehen konnte. Aber Karnickeljäger?
Ich wollte ihm gerade etwas Unflätiges antworten, aber das gehört sich nicht als Gast.
Es war passiert. „Was meinen sie, warum ich nicht selbst geschossen habe? Ich hätte ihn ohne weiteres noch erwischen können! Warum haben Sie ihn nicht eher geschossen? Zeit war genug! kam es von links.
„Sehen Sie, unsere Karnickelböcke unterliegen keinen Richtlinien bezüglich der Stangenenden und sie sind auch

schneller. Ich habe zu lange zum Ansprechen gebraucht. Ich muss jetzt zugeben, dass Sie das ja schon für mich getan hatten. Außerdem verhoffte der Hirsch, ist für einen Karnickeljäger also ungleich schwieriger zu schießen, als die flitzenden Lapuze. Ich möchte mich bei Ihnen bedanken!"
Er sah mich an, nahm seine Mütze auf, drehte sie zurecht und sich wieder zu mir. Wie auf Kommando grölten wir beide los. Das wirkte befreiend, dieses Lachen. Lange haben wir uns nach der Jagd noch unterhalten. Bei dieser Jagd kamen sechs Stück Kahlwild zur Strecke, mit drei Dubletten! Der Hirsch hätte da gar nicht reingepasst.
Der erste Hirsch, den ich dann mit nach Hause nehmen konnte, ließ zwölf Jahre nach der Harzer Jagd auf sich warten und war ein ungerader Achter, der jenseits der Oder seine Fährte zog.
Im besagten Harzer Forstamt habe ich einen Tag vor Sylvester ein Erlebnis mit einem Kronenzwölfer gehabt. Nach diesem Zusammentreffen schoss ich vom Mastkorb, so hieß die Kanzel, eines der beiden Kälber. Der Schnee lag meterhoch. Ernst hatte mich an einem Weg abgesetzt und eingewiesen. Bis zur Kanzel waren es noch einige Meter. In meinen dicken Klamotten kam ich ordentlich in Schweiß. Aber nun saß ich. Kalt war es. Die Luft hing voller Schnee. Ein nicht ganz harmloser Wind setzte bald Zitterintervalle frei, aber noch waren es zwei Stunden bis zum Ende des Ansitzes. Nach knapp einer halben Stunde stand mit einem Mal unten am Weg, von dem ich aufgestiegen war, ein Hirsch. Eben dieser Kronenzwölfer.
Ganz ruhig stand er da, keine Bewegung war zu erkennen. Langsam nahm ich das Glas hoch. Ein gewaltiger Hirsch. Phantastisch! Wie in Zeitlupe nahm der Hirsch den Windfang nach unten und arbeitete wie ein Schweißhund meine Fährte aus. Ich dachte, ich träume.
Sonst ging das Rotwild hochflüchtig ab, wenn es auf unsere Fährte stieß. In aller Seelenruhe, immer den Windfang in meinen schon wieder leicht zugewehten Stiefelabdrücken, kam der Hirsch bis an die Kanzelleiter. Ich traute mich kaum noch zu atmen. War das ein Bild!

Nun nahm er das Haupt hoch und äugte akkurat in die Kanzel. Sekundenlang fixierte er den ihn anstarrenden Jäger. Es war eine eigenartige Stimmung. Dann wendete er langsam und zog ruhig in die Fichten hinter der Kanzel. Nichts war mehr von ihm zu hören. Langsam erwachte ich aus meiner Starre. War das alles Wirklichkeit, was ich eben erlebt hatte? Es war kein Traum! Was hatte den Hirsch dazu bewegt, meine Fährte auszuarbeiten? Unergründlich!
Abends im Forstamt wollte mir erst niemand Glauben schenken. Als ich den Hirsch dann allerdings haargenau beschreiben konnte, fielen die Zweifel.

„Tscha“, sagte meine Großvater gewöhnlich, „et gifft nist, wat es nich gifft!“ (Es gibt nichts, was es nicht gibt!) Wir hatten eines schönen Tages einen Rotspießer in unserem heimatlichen Höhenzug. Da dieses Gebiet unter der Kategorie „Rotwildfrei“ läuft, gab die Untere Jagdbehörde den Hirsch frei. Der Jüngling hatte wahrscheinlich in der Brunft Senge von seinen älteren Kameraden bekommen und den langen Weg von seinem Geburtsort weiterer Einstandsregelungen vorgezogen. Alle waren wir heiß auf den Hirsch!
Er machte sich rar, war mal hier, mal dort zu sehen. Keiner bekam ihn. Wo steckte er?
Ich sah ihn das erste Mal während einer Drückjagd auf Sauen. Gerade hatte ich abgeblasen. Ein Treiber, der schon als Junge bei meinen jagdlichen Aktivitäten, versehen mit einem großen Wissensdurst, oft dabei war, zeigte mit dem rechten Arm hangaufwärts. „Guck mal, was da oben steht“. Da stand der Spießer, ganz eindeutig! Die Treiberwehr, die sich zusammengerottet hatte, um zum nächsten Sammelpunkt zu gehen, rückte ihm gewaltig dicht zu Leibe. Aber er stand wie eine Statue. Vielleicht hätte ich den Spießer schießen können, aber es war abgeblasen. Einer der Treiber grölte nun los „Da ist der Hirsch!“ Das hielt der Spießer nicht mehr aus. In gewaltigen Fluchten durchquerte er den Bestand, kam auf freies Feld und war entschwunden. Alles lief zusammen. Jäger,

Treiber, Hundeleute. Ein mächtiges Palaver hub an. Hier also steckte der Hirsch. Aber nun war er weg.
Der Winter kam mit Schnee und vielen Ansitzen auf den Spießer. Morgens, abends, tagsüber, etliche Stunden habe ich auf ihn angesessen. Nicht nur ich!
Eines schönen Tages gar saß ich nachmittags um fünf Uhr bis zwei Stunden nach Mitternacht. Gut, was? Ich ließ die Sauen laufen und schaute auch Reinecke gönnerhaft hinterher. Dann war es aus. Alle Knochen im Leibe brummten. Mit Mühe kam ich von der Leiter und schleppte mich zum Auto. Geschundener, als nach acht Tagen Holzeinschlag.
Am nächsten Vormittag beim Abfährten standen nagelfrisch die Trittsiegel des Hirsches dreißig Meter vor meinem Folterstuhl. So ist das. Geschossen wurde der Hirsch von meinem Chef. Auf die Frage, „Wo setze ich mich heute Abend an?" hatte sein Sohn ihm geantwortet: „Geh doch mal dahin, wo du das ganze Jahr noch nicht gesessen hast." Gesagt, getan. Da kam der Hirsch!
Als ich morgens, noch unwissend, die tägliche Wildkammerkontrolle vornahm, prallte ich beim Öffnen der Vorraumtür zurück. Zapperlott! Da hing der Hirsch! Von der Decke bis zum Boden reichte er fast. Ein gewaltiger Anblick für einen Karnickeljäger! Die Freude über die Erlegung stand meinem Chef beim Schildern der Ereignisse im Gesicht. Ich habe mich mit ihm gefreut. Bis auf den heutigen Tag hat sich kein Rothirsch mehr zu uns verirrt. Aber vielleicht, vielleicht tut es irgendwann einer der Herren wieder einmal!?

Fuchs – klappt meist nicht!

In den vorhergehenden Zeilen habe ich mich bezüglich meiner Probleme bei der Fuchsbejagung ja schon einmal geäußert und offenbart. Einige Erlebnisse mit den eineinhalb im Jahr vorbeigeschossenen sind es wert, erzählt zu werden. Natürlich auch die Begegnungen, die nicht zu Gunsten des Roten ausfielen. Ich kann mich heute des Eindruckes nicht erwehren, dass die Sippe der Roten mir deshalb des Öfteren die Lunte zeigt, weil ich einen ihrer Ahnen einmal geschändet habe?!
Mein jüngerer Bruder war, da er sich gerade im Jungjägerkursus befand, an einem Märzmorgen mit mir auf Ansitz gegangen. Ansprechübungen beim Rehwild waren angesagt.
Wir hockten noch im Dustern auf einer breiten Leiter unseres Dorfwaldes und harrten der Dinge, die da kommen sollten. Es wurde allmählich hell, und ich schaute gerade einer Schnepfe nach, die über den Weg strich. Mittlerweile war die Frühjahrsjagd auf Schnepfen verboten. Was soll man dazu sagen? In diesem Moment buffte mir mein links von mir sitzender Bruder in die Rippen und hauchte „Fuchs“. Dabei nickte er mit dem Kopf in dessen Richtung. Ganz langsam kam Reinecke durch das Gras und schon hatte es ihn erwischt.
Der Fuchs lag. Kaum zu glauben, wird jetzt manch einer denken, bei dem, was er vorher erzählt hat. Es war ein starker Rüde, der Balg allerdings taugte nichts mehr. Das stimmte mich ein wenig traurig. Der Fuchs stank zum Gotterbarmen. Da mein Bruder mit einer sehr empfindlichen Nase ausgestattet ist, war er kaum zu überreden, als wir am Auto standen, doch zumindest die blaue Tüte, in die ich den Fuchs versenken wollte, aufzuhalten. Immer wieder kam ihm das Würgen an. „Und du willst Jäger werden?“ feixte ich. Endlich, glücklich war der Fuchs in der Tüte. Wir öffneten eine Dose Bier zum Zwecke des Tot trinkens.
„Das Zeug schmeckt nach Fuchs!“ stöhnte der Kleine mit einem Mal. Und schon lag das schöne Pils im Wald. Zwar habe ich gelacht, aber plötzlich hatte auch ich das Gefühl, dass das

Pils ein leichtes Fuchsaroma hatte. Blödsinn! Reinecke taugte zum Abbalgen nicht und deswegen musste er in die Gruft fahren. Schade drum.

Nach etlichen Tagen fragte mich beiläufig ein befreundeter Jäger: „Hast du dir eigentlich die Haken behalten? Das war doch ein starker Rüde!“ Peng! Das hatte ich nicht. Das hätte ich tun sollen. Der Geburtstag meiner Frau stand an und so eine Kette mit Haken macht sich doch gut. Kein Problem, die hole ich mir noch. Das stand für mich fest. Zum Zwecke der Extraktion sowie aus Ausbildungsgründen und überhaupt engagierte ich den Jungjägeranwärterbruder zu dieser Aktion. Der Fuchs sah nicht mehr besonders gut aus, als er der Gruft entfuhr, auch roch er nicht besser. Sofort einsetzende Würgeintervalle bei dem Kleinen mahnten zur Eile.

Da ich den an sich schon recht labil wirkenden Schädel handschuhgeschützt nicht lösen konnte, musste ich mit dem Messer weiterarbeiten. Es war nicht einfach, aber es ging.

Der Kleine stand im Busch. Ein Auge zu mir gerichtet, mit dem anderen schon die nächste Stelle für das unweigerlich kommende Gewölle, das seinen Hals verließ, suchend. Seine Lautäußerungen hätten jedem Brunfthirsch Ehre gemacht. War aber

gar nicht so schlimm und bald war die Arbeit getan. Der restliche Fuchs fuhr wieder abwärts, nun endgültig. Den Schädel habe ich im Beisein des Bruders anschließend in der Garage abgekocht. Meine Frau streikte bei dem Ansinnen, den heimatlichen Herd zu benutzen. War wohl in Ordnung so.
Der Würgezwang beim Kleinen legte sich, als Reineckes Schädel langsam vor sich hinbrodelte.
Bis zu dem Moment, als Fritze, eines unserer Dorforiginale, vor der Garage stand und als erstes seine Pfeife aus dem Mund nahm, was er selten tat, alsdann die Nüstern blähte, um ein wenig Aroma der Kochschwaden zu erhaschen. „Wat kocht ihr denn da?“ kam es, immer noch schnuppernd von ihm. Nun ritt den Kleinen der Teufel. „Wir kochen uns vom Fuchsschädel eine Bouillon!“ „Riecht gut, haste mal ?nen Teller da?“ Das reichte! Der Kleine stürmte zum Misthaufen und pumpte seinen Magen leer. „Wat hat er denn?“ grinste Fritze. „Wat meinste denn, wat ick in Russland alles heruntergeschmurgelt habe?“ Ein wenig kullerte mein Magen nun auch. Nee! Fuchsbouillon? Nee!! Schweinkram!
Nach einiger Kochzeit konnten die Fangzähne gezogen werden. Einer von den wunderschönen, langen Haken war abgesprengt. Die beiden schönsten ließ ich in Silber fassen, für die liebe Frau. Heute kann man nichts mehr riechen.
Deswegen meine ich, die Füchse sind mir gram, weil ich einen der ihren zum Zwecke der Hakenentnahme aus der Ruhe gerissen habe. Soweit, so gut. Mit diesem Fuchs hatte ich ja keine Probleme. Die bekam ich in einer nicht sehr kalten Januarnacht, als ich mich in die Erdkanzel, am Ort des Zusammentreffens mit „Raffzahn“, eingeschoben hatte.
Immer noch hoffte ich auf „Raffzahn“. Flinte und Büchse hatte ich dabei, mangels kombinierter Waffe. Ich hatte mich noch gar nicht richtig in meinem Lodenmantel verteilt, was bei meinen Abmessungen eigentlich gar nicht so schwer ist, da schnürte ziemlich flott Reinecke Nummer eins vorbei. Weg war er, bevor ich die Flinte draußen hatte. Das geht ja gut los, vermerkte ich.

Nach fast einer Stunde „Kau, kau, kau“! Heiseres Fuchsgebell Hang abwärts. Aha, Reinecke auf Freiersfüßen. Dann man los. Mit einem Mal Hasenklage. Lampe jammerte erbärmlich. Schaurig! Sollte ich hingehen? Ich unterließ es.
Lange Zeit tat sich nichts, bis auf das Krakele eines Kauzes. Dann wieder „Kau, kau, kau“! Etwas näher. Langsam brachte ich die Flinte in Anschlag. „Kau, kau, kau“! kam es von vorn. In Sekundenabstand ertönte halbrechts hinter mir, als wäre es das Echo „kau, kau, kau“! Ich war zu Tode erschrocken. Das Echo stand keine zwei Meter neben meinen Erdsitz.
Ich war unfähig, mich zu bewegen. Der Fuchs hat dann wohl Wind bekommen und ging hochflüchtig ab. Den Ansitz habe ich sofort abgebrochen, so sauer war ich. Aber nach dem Olympiareifen Start dem Fuchs noch eine Garbe nachzuschikken, wäre eh in die Hose gegangen. Zwei Füchse an einem Abend und nichts im Rucksack. Schlimm.
Absolute Trauer war dann aber angesagt, als ich Ende Januar auf einer Leiter im Buchenaltholz gleich Rüde und Fähe, die sich im Hochzeitsreigen befanden, daneben schoss. Die Fähe machte einen Mordslärm und meldete sich mit ihrem Galan schon von weitem an.

Ich hatte jede Menge Zeit. Da ich die neue Bockbüchs-flinte dabei hatte, befunkte ich den Rüden, der dicht hinter der Fähe war, mit Schrot. Der hatte nichts Eiligeres zu tun, als seiner Allerliebsten das Hinterteil zu zeigen. Nur noch ein Strich war von ihm zu sehen. Die Fähe wusste offensichtlich gar nicht, was los war. Sie stand ganz ruhig da, sich wohl wundernd, warum ihr Rüde verschwunden war. Auch die nächste Schrotgarbe fasste nicht. Nun ging sie hochflüchtig ab, kam noch einmal zum Stehen und konnte dann über die Kugel, die ich ihr zugedacht hatte, nur noch den Kopf schütteln. Ist so etwas möglich? Es ist!

An diesem Morgen habe ich dann noch eine einzelne Ricke geschossen, was meinen Bruder, der ebenfalls ansaß und die Knallerei mitbekommen hatte, zu der Frage veranlasste: „Wie viel?"

Ich schüttelte mein gesenktes Haupt: „Nur eine Ricke!" „Hat sich angehört, wie auf dem Truppenübungsplatz." Das trug nicht zum inneren Seelenfrieden bei.

Wie gesagt, viele Füchse taten mir nicht den Gefallen, den Marsch in meinen Rucksack anzutreten. Was soll's? Ich bin wiederum jedes Mal mit großem Eifer dabei, wenn es um Reineckes Balg geht.

Bei den anderen Wildarten gibt es kaum Probleme und die Stücke, die ich bis heute krankgeschossen habe, sodass eine Nachsuche erforderlich war, kann ich an den Fingern einer Hand abzählen. Ein Herr Dr. Klaus hat einmal geschrieben: „Rothirsch? Kann ich nicht!"

Etwas abgewandelt für meine Person gilt in etwa: „Fuchs? Kann ich selten!"

Um so mehr freut es dann einem gebeutelten Fuchsjäger, wenn er eine „Reinecke-Sternstunde" erlebt. Anfang Januar war es. Wir hatten noch einige Stücke weibliches Rehwild frei, und aus dem Grunde war ich draußen. Vielleicht eine halbe Stunde hatte ich bei ordentlichem Schneetreiben gesessen. Ein erbärmlicher Westwind pfiff. Das Schneetreiben war teilweise so dicht, dass man keine 20 Meter weit sehen konnte. Ich hatte die Nase

schon voll, so ekelhaft war das Wetter. Gerade wollte ich den Heimmarsch antreten, als rechts am Hang ein Fuchs auftauchte. Ein tolles Bild! Fuchs im Schneetreiben. Ab und zu ist es mir gram, dass ich nicht besser mit der Kamera umgehen kann. Schwupp, war er auch schon wieder in den Fichten. Automatisch hatte ich die Büchse an den Kopf genommen, senkte sie nun wieder ab und backte wieder an, denn da war er wieder. Raus war der Schuss. Ganz leise kam er mir vor.
Plopp, hatte es nur gemacht. Reinecke lag. Lang hingestreckt im Schnee. Nur ein schmaler Strich. Ich führte einen lautlosen Indianertanz auf der offenen Kanzel auf. Was habe ich mich gefreut. Der starke Rüde hatte die Kugel, .30-06, 11,7g TM, genau links hinter dem Blatt und rechts am Hals war sie wieder ausgetreten. Der wunderschöne Balg war intakt und nicht zerschossen. Bis heute ist es mein stärkster Fuchs. Fast neun Kilo brachte er auf die Waage.
Schön, nicht wahr? Das geht einem runter!
Nachdem meine Wachtelhündin bei einer Treibjagd eine Fähe aus einem Grashaufen gestoßen und sie abgetan hatte, meinte einer der Mitjäger: „Nun brauchst du dir den Hintern nicht mehr Wundsitzen und dauernd daneben räuchern.“ Er tat gut daran, sofort einige Meter zwischen uns zu bringen, sonst hätte er erleben müssen, dass die Treffsicherheit meiner Füße in Richtung seines Spiegels durchaus intakt war.
Keine Nacht möchte ich missen, in der ich Reinecke nachgestellt habe. Die Faszination, die von diesen Nächten im winterlichen Wald ausgeht, ist einmalig; man muss es erleben. Ich bedauere die Menschen, die dann zu Hause am Ofen hängen.
Reinecke kommt! Kommt immer wieder, leise, schlängelnd, mal ganz vorsichtig. Aber auch mal unbedarft. Dann gilt es. Auf Reinecke! Ich bemühe mich allerdings schon seit einigen Jahren nur wirklich gute Schnee- oder Mondnächte für diese wunderschönen Stunden zu nutzen. Man muss nicht jedes Kerzenlicht oder jeden Schneefleck ausnutzen und den Busch verstänkern bzw. beunruhigen. Das sind wir unserem Wild schuldig! Diese Ansitze müssen jagdliche Leckerbissen bleiben.

Ein wenig vom Rehwild!

„Genehmigen Sie sich man einen 2b-Bock!“ Diese Worte meines Chefs waren zu Anfang der Bockjagd der Auslöser, die schon vorher ausspekulierten Böcke näher in Augenschein zu nehmen. Einige zieren mittlerweile meine Jägerbude. Von jedem Einzelnen weiß ich noch um die Erlegungsgeschichte. Entweder hat er ein gutes Gedächtnis, könnte man nun vermuten, oder er hat man nur eine Handvoll an der Wand. Nun, das Erlegungsgeschehen meiner fast fünfzig Rehböcke kann ich jederzeit rekonstruieren und erzählen. Ehrlich. Hört sich nicht viel an, fünfzig Böcke in zwei Jahrzehnten. Mir ist die Anzahl meiner erlegten Böcke sympathisch!

Bei der vielfältigen Jagdmöglichkeit, die ich auch heute noch habe und die dementsprechenden Einsatz rund um den Pirschbezirk und darüber hinaus verlangt, geht die Anzahl der gestreckten Böcke in Ordnung.

Bei denen es nach vielen Hoffen und Harren dann eines Tages problemlos geklappt hat, hängt komischerweise nicht gar so viel dramatischen Erleben dran. Es passte! Doch manchmal kommt es dicke! Ganz dicke! Im Frühjahr hatte ich einen wahren Kracher von Bock gesehen, und auch, als er gefegt hatte, verschlug es mir den Atem. Tabu! Ein 1a-Bock, wie er im Buche stand. Der Bock zog ständig zwischen meinem und dem Nachbarpirschbezirk hin und her.

Ich hatte den Bock meinem Chef in der bangen Hoffnung gemeldet, dass er vielleicht doch zustimmend nicken würde. Vorerst nickte er nicht! Der Zufall wollte es, dass ich in diesem Jahr die Jagdaufseherprüfung ablegte. Dadurch beflügelt, prellte ich nochmals vor.

„Kann ich mich um den Bock in Abeilung 42 kümmern?“ „Ist er alt genug?“ kam es zurück.

„Fünf ist er mindestens“ gab ich zur Antwort. Ein Hoffnungsschimmer war da, die Sonne ging auf. Ganz langsam. „Dann man los“ kam es knapp. Voller Sonnenschein! Ich jubilierte. Natürlich innerlich, nach außen blieb ich ganz cool.

Allein, der Bock war nicht zu kriegen. Ich saß an, ich pirschte. Einmal hatte ich nach stundenlangem Ausharren Pech. Sauber zog der Bock gemeinsam mit einem Schmalreh in meinen Wind, und bevor ihn die Brombeeren freigaben, gingen beide Rehe schreckend ab.
Ich hatte den Eindruck, dass das Schmalreh das auslösende Stück bei dieser Flucht war.

Nun wollte ich es wissen. Im Altholz baute ich mir einen Schirm. Dort musste er vorbeikommen. Irgendwann einmal, oder? Ein paar qualvolle Tage vergingen, ohne dass ich auch nur ein Haar von ihm gesehen hätte. Schon im Dunkeln hockte ich eines Morgens wieder im Schirm. Totale Stille im Wald. Ein leichter Wind zog vom Wechsel auf mich zu. Nichts rührte sich, bis auf ein Geschwader Mücken, die die Fehlstellen zwischen Kniebundhose und Strümpfe entdeckt hatten. Ich litt Höllenqualen. Viel bewegen konnte ich mich nicht. Die Moskitos legten einen kompletten Einstichring um meine Ständer, bevor ich es überhaupt gemerkt hatte. Das bringt Spaß. Ich war drauf und dran zu flüchten. Mit einem Mal war der Bock da. Er kam links von mir, genau auf dem Wechsel durch das Altholz gezogen.

Langsam nahm ich die Büchse an den Kopf. So kam er gut. Die Mücken gingen zum Finale über. Ich wurde fast wahnsinnig. Vierzig Meter vor dem Schirm verhoffte der Bock, stellte sich spitz zu mir und äugte mich an. Was war los? Das Angriffsgetöse der Moskitos konnte er wohl kaum hören? Der Wind, verdammt! Jetzt spürte ich ihn im Nacken. Der Bock zog wieder nach links, wurde flott. Ich pfiff ihn an und raus war die Kugel. Kurze Todesflucht, er lag. Das ging schnell.
Nun wusste ich nicht, was ich zuerst tun sollte, die Plagegeister abwehren oder gleich zum Bockstürzen. Ich steckte mir eine Zigarette an und heizte der stechenden Luftwaffe erst einmal ordentlich ein. Das half nur kurzfristig. Ich verließ die Folterkammer und ging zum Bock. Was für ein Bock! Hohe, gut geperlte Stangen, schwache Vordersprossen, im Gegensatz zu den wie Angelhaken nach hinten gezogenen guten Hintersprossen. Ich hatte ihn. Er war alt genug und erfüllte die Anforderungen an einen 1a-Bock.
Nach kurzem Schlucken meines Chefs kam dann aber ein herzliches Weidmannsheil, als ich ihm den Bock im Büro vorführte.

Nicht ganz so reibungslos verlief die Erlegung eines anderen, guten Bockes.
Dieser war vermutlich gegen ein Auto gelaufen und aus seinem linken oberen Vorderlauf ragte weithin sichtbar der blanke Röhrenknochen ungefähr zehn Zentimeter heraus. Das Stück musste schnellstmöglich erlegt werden. Es wirkte schon mächtig abgekommen.
„Kümmern Sie sich um den Bock!“ Ich tat, wie mir geheißen. Gleich am ersten Abend stand der Bock vor mir in der Lagergerste. Als er dann breit, den kranken Lauf schonend, langsam an mir vorbeizog, schoss ich sofort. Hochflüchtig ging der Bock ab. Er benutzte nun auch den kranken Lauf. Du kannst doch nicht vorbeigeschossen haben?! Ich war irritiert. Nichts am Anschuss, kein Schweiß, kein Haar.
Zwei Tage später dasselbe Spiel, wieder vorbei. Ich hätte etwas merken müssen.

Am hellen Tage funkte ich zum dritten Mal vorbei. Ausgerechnet der Nachbarpächter und sein Schlepperfahrer wurden auch noch Zeuge dieser blamablen Sauerei. Dementsprechend reagierte mein Chef. „Jetzt räuchern Sie zum dritten Mal auf den Bock und dann noch unter Zeugen. Machen Sie bloß mal einen Probeschuss!" Ich erwachte. Meine Herren, warum war ich nicht selbst darauf gekommen? Ich tat es. Vierzig Zentimeter Hochschuss hatte mein Prügel. Mann, oh Mann! Ich schoss die Büchse ein und am nächsten Abend lag der Bock.

Er war wieder da, hatte sicher keinen großen Aktionsradius mehr bei der wohl sehr schmerzhaften Verletzung. Ich hatte ihm noch zusätzliche Pein bereitet. Er wog nur noch etwas über elf Kilo, hatte ein ordentliches Sechser-Gehörn und war vielleicht gerade drei Jahre alt. So kann es gehen, Jägersmann.

Mein Chef hatte zum Aufgang der Bockjagd einen faszinierenden abnormen Bock erlegt. Donner, das war doch mal was! Ob es so etwas in meinem Pirschbezirk auch gab? Solch einen abnormen Bock, den hatte ich noch nicht erlegt. Ja, nicht einmal gesehen.

Wie der Teufel hinter der Seele war ich sodann hinter so einem „Kruckeligen" her. Dann ging es schneller, als ich zu träumen gewagt hatte. Es war Ende Juli, Blattzeit.

Meine Frau war mit auf Ansitz gekommen. Wir hatten Hochzeitstag und wollten nach dem Ansitz noch schick essen gehen. Es war noch recht hell, als von oben ein Jährling in voller Flucht, gefolgt von einem älteren Bock, rechts der Leiter in einem Graben verschwand.

Das ging zu schnell. Jetzt kam der ältere Bock wieder. Plätzte. Ein Abnormer!

„Den schieße ich" hauchte ich zu meinem Weibe. Im Schuss rutschte ich von der Schießleiste ab. Sofort wusste ich, dass ich gepatzt hatte. Elend, Elend! Am Anschuss lag dann auch nichts.

Das schicke Essengehen wurde dann doch sehr einsilbig. „Gleich morgen früh marschierst du raus, dann hast du ihn!" Diese Worte meiner Frau gaben Auftrieb. In der kurzen Julinacht war an Schlaf nicht mehr zu denken. In aller Herrgottsfrühe saß ich. Das gleiche Spiel wie am Vorabend. Bei gerade ausreichendem Büchsenlicht kam erst der Jährling, dann der Abnorme in voller Fahrt in den Graben. Jetzt lag ich im Anschlag. Da kam er, plätzte und raus war die Kugel. Nun lag er im Feuer! Ich musste erst einmal Luft holen. Genau die glei-

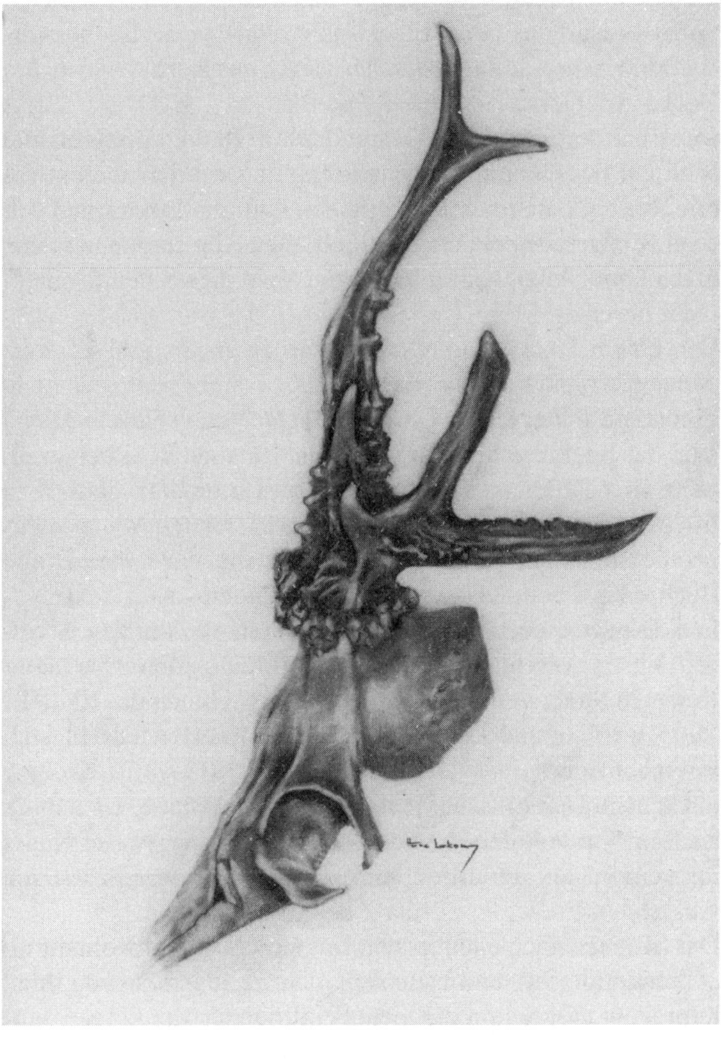

che Situation wie am Vorabend, nur dass der Bock nun tatsächlich lag. Erst jetzt wurde es richtig hell.
Am Bock angekommen, verschlug es mir die Sprache. Das war doch mal was! Rechts ein schwacher Sechser mit einer weit unten innen liegenden Vordersprosse, falls man diese als solche bezeichnen kann, links ein kurzer Stumpf mit einer kleinen nach vorn und einer größeren nach oben gerichteten Sprosse. Und das Größte, das sah ich erst jetzt, die eigentliche Hintersprosse lag zwischen den Lauschern fast auf der Decke auf. Donnerwetter!
Der Bock war lange Zeit Gesprächsstoff in der Försterei, und auch auf der Hegeringversammlung und der Trophäenschau erregte er allgemeines Aufsehen. Im Lauf der Jahre sind noch zwei Böcke dazugekommen, denen man Abnormität bescheinigen kann. Allzu häufig allerdings wird dieses Glück einem nicht beschert.
Von einem Bock, einem schwachen 2b-Bock, gibt es noch Außergewöhnliches zu berichten.
Eigentlich war er einem Gast zugedacht. Nur an diesem Abend kam der Bock, hochflüchtig einen Jährling auf Trab bringend, an unserer Leiter vorbei. An Schießen war nicht zu denken.
Einige Wochen später zog er schon recht spät am Abend stichgerade auf meine Leiter zu. Ich traute mit nicht einmal, die Büchse zu heben. Keine zehn Meter trennten uns.
Er fing an zu äsen, drehte sich und zog spitz von mir fort. Schon war ich im Anschlag, er musste sich breit stellen. Das tat er. Keine 20 Meter vor mir erhielt er die Kugel hinter das Blatt. Er stand, warf auf und senkte das Haupt zu Boden. Ich dachte, ich sah nicht richtig, der fängt noch an zu äsen! Deutlich konnte ich Schweiß am Einschuss sehen. Gebannt starrte ich den Bock an. Mir wurde komisch. Gerade wollte ich die zweite Kugel loswerden, als der Bock sich im Zeitlupentempo auf die Ausschussseite legte. Er rührte keinen Lauf mehr.
Das hatte ich noch nicht erlebt. Das Geschoss war wohl nur so „durchgeflutscht“ und hatte sich nicht zerlegen können. Man lernt nicht aus. Schon gar nicht bei der Jagd.

Zu der Bejagung des weiblichen Wildes fallen mir zwei Ricken ein, deren Erlegung es wert ist, erzählt zu werden. Beide Stükke waren uralt. Mein Großvater hätte gesagt „Die kauen schon auf der Felge.“ Das eine Stück stand eines Abends mit einem Mal unter meiner Leiter. Schmalreh, war mein erster Gedanke. Aber dann kamen mir doch Zweifel. Ich entschloss mich zum Schuss. Auf kurze Entfernung, steil von oben, schoss ich der Ricke, ziemlich weit oben, beide Vorderläufe ab. Eine mordsmäßige Schweinerei. Ich war entsetzt! Wie erstarrt sah ich der auf den Hinterläufen abspringenden Ricke nach, unfähig noch einmal zu schießen.
Fix und fertig baumte ich ab und verbrach die Stelle des Anschusses und des Einwechselns der schwerkranken Ricke. Zum Glück war es noch hell. Mein Chef kam, nach Schilderung der Geschichte, sofort mit. Seinen Münsterländerrüden dabei kamen wir zum Ort der verruchten Tat. Für „Wodan“ war das kein Problem. Nach kurzer Suche zog er die laut klagende Rikke runter und das Stück konnte von meinem Chef abgenickt werden. Was habe ich geschlottert.

Einer steinalten Ricke musste ich noch so viel Pein bereiten. Aber so etwas passiert. Wer ist sicher davor?
Die andere Ricke, die praktisch keine Zähne mehr aufzuweisen hatte, narrte mich eine Weile. Beim ersten, flüchtigen Anblick glaubte ich, einen Knopfbock vor mir zu haben.
Das Stück wurde von allen anderen sofort auf Trab gebracht, wagte es sich einmal in ihre Nähe. Seltsam!? Beim dritten oder vierten Zusammentreffen war es klar für mich, dass es sich um eine uralte Ricke handelte. Sie hatte Stirnzapfen, die einem Knopfer Ehre gemacht hätten, nichts mehr auf den Rippen und dort, wo beim Bock der Pinsel sitzt, war ein seltsames Gebilde. Die Erlegung des Stückes wollte nicht klappen. Hochflüchtig kam die Ricke neben meiner Leiter in das Feld gestürzt und verhoffte erst nach über 200 Meter. Das Spielchen lief einige Male.
Anpirschen klappte auch nicht. Trotz schlechten Windes setzte ich mich auf einer am Bauernhof stehenden Kanzel an, um so der immer hochflüchtig in das Feld preschenden Ricke näher zu sein. Es klappte! Auf knapp hundert Meter bekam sie die Kugel und rührte keinen Lauf mehr. Ich glaube, sie wog keine zehn Kilo mehr. Spindeldürr, mit dicken Gelenken lag sie vor mir. Das komische Gebilde stellte sich als Bauchdeckenverletzung heraus. Die Decke war an dieser Stelle dünn wie Papier. Den Schädel habe ich abgekocht. Danach wirkten die Stirnzapfen nicht mehr so gewaltig, aber allein wegen des Zahnabschliffes war es die Sache wert.
Gerade bei der Erlegung solch weiblicher Ahnen des Rehwildes drängt sich mir immer ein eigenartiges Gefühl auf. Was müssen sie alles mitgemacht haben? Die Sorge um den Nachwuchs vor Fuchs, Sauen, streunenden Kötern und nicht zuletzt vor uns, dem Menschen. Wie viele Sonnenauf- und Untergänge haben sie erlebt und was alles gesehen?! Und dann ist der Jäger da! Vorbei! Alles innerhalb von einem Hauch, nach einem langen Rehleben.

David und Goliath!

Zwei Rehböcke, deren Geschichte und Erlegung meine Rehwildgedanken ausklingen lassen sollen.
Goliath kannte ich bewusst seit fünf Jahren und wäre nie auf den Gedanken gekommen, als ich ihn das erste Mal in Anblick bekam, dass ich ihn eines Tages erlegen würde. Der Bock hatte ein gleichmäßiges, hohes, enorm gut verecktes Sechser-Gehörn. Mir blieb die Luft weg, als ich ihn an einem schönen Maimorgen unter einer Hochspannungsleitung sah. Der Bock war stark im Wildbret und wog bei seiner Erlegung noch knapp 22 Kilogramm aufgebrochen. Dem Zahnabschliff nach muss er wohl um die acht Jahre alt gewesen sein.
Aufgrund seines gewaltigen Gehörns taufte ich ihn spontan den „Polenbock". Denn er war mit den Trophäen der Böcke zu vergleichen, die meine Brüder aus Polen mitgebracht hatten.
Aber seinen endgültigen Namen bekam er aufgrund seines gespaltenen linken Lauschers. Es ist faszinierend, wenn man ein Stück Wild an solch einem markanten Merkmal über Jahre bestätigen und seinen Werdegang genauestens verfolgen kann. Woher der Bock die Einkerbung hatte, lässt sich nur vermuten. Wahrscheinlich eine Verletzung in der Jugend durch Gatterdraht oder Äste!? Sodann hieß er „Schlitzohr".
Jeder, der ihn gesehen hatte, schwärmte von diesem starken Bock. Nach meinem Bericht hatte sich mein Chef den Bock später angesehen. Auch er war begeistert. Natürlich war der Bock zu dem Zeitpunkt noch zu jung, um erlegt zu werden. Regelmäßig konnte ich das „Schlitzohr" vor der Blattzeit an meiner Feldkante in Anblick bekommen. Nach der Blattzeit war der Bock wie vom Erdboden verschluckt. Manchmal sah ich ihn erst im November im Bestand wieder. Erleichtert darüber, dass ihm nichts passiert war. Seine Gehörnbildung blieb annähernd identisch und nur im Vorjahr seiner Erlegung war er ungerader Sechser. Im Jahr seiner Erlegung hatte er wieder sechs Enden. Natürlich war er nicht mehr so stark vereckt, wie er es als vier bis fünf jähriger

Bock war, aber das Gehörn brachte nach dem Abkochen noch 400 Gramm auf die Waage.
Ein Jagdgast sollte den Bock strecken. Ein wenig traurig war ich schon, dass „Schlitzohr“ nun erlegt werden sollte. Aber es klappte nicht. Der Bock war sehr heimlich geworden. Danach sah ich ihn kurz vor der Blattzeit nochmals in der Dämmerung in die Rüben ziehen. Nur zwei Gänge weit, ständig sichernd, wagte er sich in das Feld. Was habe ich mich gefreut, den Bock vor mir zu haben.
Nach der Blattzeit, wie jedes Jahr, blieb der Bock verschwunden. Im Vorjahr seiner Erlegung diente ich dem neuen Revierförster den Bock an. Er sah sich „Schlitzohr“ an, schoss aber nicht, da er sich über das Alter uneins war. Ich beteuerte ihm, dass der Bock alt genug sei.
Er ließ den Bock zufrieden, was auch mich – ehrlich gesagt – ebenso stimmte. Nicht wahr?
Fast hätte es „Schlitzohr“ noch erwischt. Beim Anmarsch des Försters mit einem Jagdgast zum Ansitz stand der Bock in den Rüben, empfahl sich aber sofort beim Gewahrwerden der beiden Jäger.
Im Mai des darauf folgenden Jahres fragte mich bei einer Begegnung in der Wildkammer mein jagdlicher Chef, ob denn „Schlitzohr“ noch leben würde? Ja, ich hatte ihn schon einige Male bis zu diesem Zeitpunkt gesehen. Immer noch faszinierend, was der Bock darstellte.
Er hakte nach, ob ich mir denn schon einen Abschussbock ausgeguckt hatte. Ich erwiderte ihm, dass ich mich nunmehr für das „Schlitzohr“ interessieren würde, alt genug wäre er ja nun. Das leichte Grinsen seinerseits bestärkte mich in meinem Denken und Handeln, mich nunmehr ausdauernd mit dem Bock zu befassen. Jedoch der Bock kam sehr selten und dann sehr spät in das Feld gezogen. Ein Schuss wäre nicht zu verantworten gewesen.
Eines Morgens zog bei gutem Licht ein strammer Jährling in die Rüben, immer ängstlich zum Waldrand sichernd. Mein Ahnen, was dort drin stecken könnte, was dem Jährling Unbe-

hagen bereitete, hatte mich eben zur Büchse greifen lassen. Wie eine Furie raste „Schlitzohr“ aus dem Bestand und stürzte sich auf den Jährling. In einem großen Halbkreis ging die Jagd weit von mir wieder auf den Waldrand zu. Mittlerweile hatte ich das Glas an den Augen und konnte nun sehen, dass der Jährling verschwunden war und „Schlitzohr“ am Waldrand verhoffte und plätzte. Stark erregt hatte mich die kurze Jagd, jetzt wechselte der Bock ein, ich war allein!

An der Feldkante blieb der Bock verschwunden. Einmal sah ich ihn in der Mittagszeit im Bestand, unmittelbar an der Feldkante. Aha, Bürschchen, ging es mir durch den Kopf, hier steckst du also. Am darauf folgenden Sonntag setzte ich mich ohne „Bockhoffnungen“ wieder an die Feldkante. Im Dunkeln hatte ich den Sitz bezogen. Eigentlich galt der Ansitz mehr den Sauen. Diese hatten in den jungen Rüben geringen Schaden gemacht, und da wollte ich doch einmal nachschauen, bevor die lieben Sauen mir den ganzen Acker umdrehten. Doch sie kamen nicht, zumindest nicht an diesem Morgen. Wunderschön war der Junimorgen, frische, klare Luft, die Vogelwelt erwachte mit dem ersten Licht. Ein richtiger Bilderbuchmorgen.

Nur Rehe und Sauen waren nicht da. Nachdem es eine Stunde bei bestem Licht immer noch leer auf dem Feld war, baumte ich ab und pirschte auf einem Weg zu dem vermeintlichen Einstand des Bockes. Unweit der Stelle, wo ich den Bock letztmals am Mittag gesehen hatte, schreckte ein Stück Rehwild. Abrupt blieb ich stehen, nahm langsam das Glas an die Augen. Der Jährling von der Feldkante war es. Das Haupt mir abgewandt, schreckte er in Richtung Feldkante. So sehr ich mich auch bemühte, nichts konnte ich erkennen; nicht den Grund seines Schreckens ergründen. Dann ging es los! Wie ein Wischer, den ich nur noch im Augenwinkel wahrnehmen konnte, keuchte es rechts von dem Jährling heran. Ab ging die wilde Jagd.

Das muss „Schlitzohr“ sein, schoss es mir durch den Kopf. Der Jährling schreckte. Hastig nahm ich die Büchse an den langen Arm und rannte parallel zu der Hatz auf dem Weg entlang.

Die beiden Böcke entfernten sich halbrechts von mir und bald konnte ich sie auch nicht mehr hören. Aber vielleicht kamen sie zurück. Nun pirschte ich vorsichtig weiter, verließ den Weg, betrat eine alte Schlepperspur, die durchs Altholz führte, und verhoffte an der erstbesten dicken Buche, da ich Geräusche von treibenden Rehen vernahm. Eiskalt durchlief es mich.
Ca. 50-60 Meter vor mir stand ein Bock, mir abgewandt in Richtung der näher kommenden Hatz sichernd. Das Fernglas bestätigte mir, was ich schon mit bloßem Auge gesehen hatte. „Schlitzohr" stand vor mir. Der Bock hatte keinen Wind von mir und ebenso keine Ahnung, dass da jemand hinter ihm stand und ihn eingehend beobachtete. Was für ein Bock!
Hoch erhoben das Haupt, in Richtung der Störenfriede sichernd, die Unruhe in seinen Einstand brachten. Den Körper straff, so schien es, um den Krachmachern sofort entgegenzueilen, und ihnen zu zeigen, wer hier der Herr war. In diesem Moment erreichte ihn meine Kugel.
Da der Bock schräg stand, lag der Einschuss rechts Mitte Blatt und vorn am Stück war die Kugel wieder hinaus. „Schlitzohr" ist auf der Stelle geblieben. Er hat den Schuss nicht gehört.
Aus dem vollen Erleben hatte diesen alten Kämpen eine gute Kugel abberufen. So, und nicht anders, habe ich mir das insbesondere bei diesem Bock gewünscht. Er lag vor mir, auf der linken Seite, hingestreckt durch die Wucht der Kugel. Nichts Angsterfülltes war in seinen Lichtern zu erkennen. Hier hatte er jahrelang seinen Einstand gehabt und verhalf manchem Jägersmann durch seinen Anblick zu heftigem Herzklopfen. Hier wurde er gestreckt, innerhalb eines Augenblicks. Ich betastete das graue Haupt, das Gehörn, das immer noch imposant war.
Ein Blick in den Äser bescheinigte ihm ein überdurchschnittlich hohes Alter. Ich tastete seinen linken Lauscher ab. Die Kerbe, die ihm den Namen gab, war an den Rändern mit langen Haaren besäumt. In der Farbe wichen sie von der übrigen Behaarung ab und unterstrichen somit sein Erkennungsmerkmal besonders. Ein bisschen Wehmut lag in der Stimmung, als ich,

den Bock betrachtend, vor ihm saß. Jahrelang hatte ich das Stück gekannt, gehofft, dass er unserem Revier treu bliebe. Er blieb es. Ich freute mich, dass „Schlitzohr“ mein geworden war. „Schlitzohr“ – der Goliath!

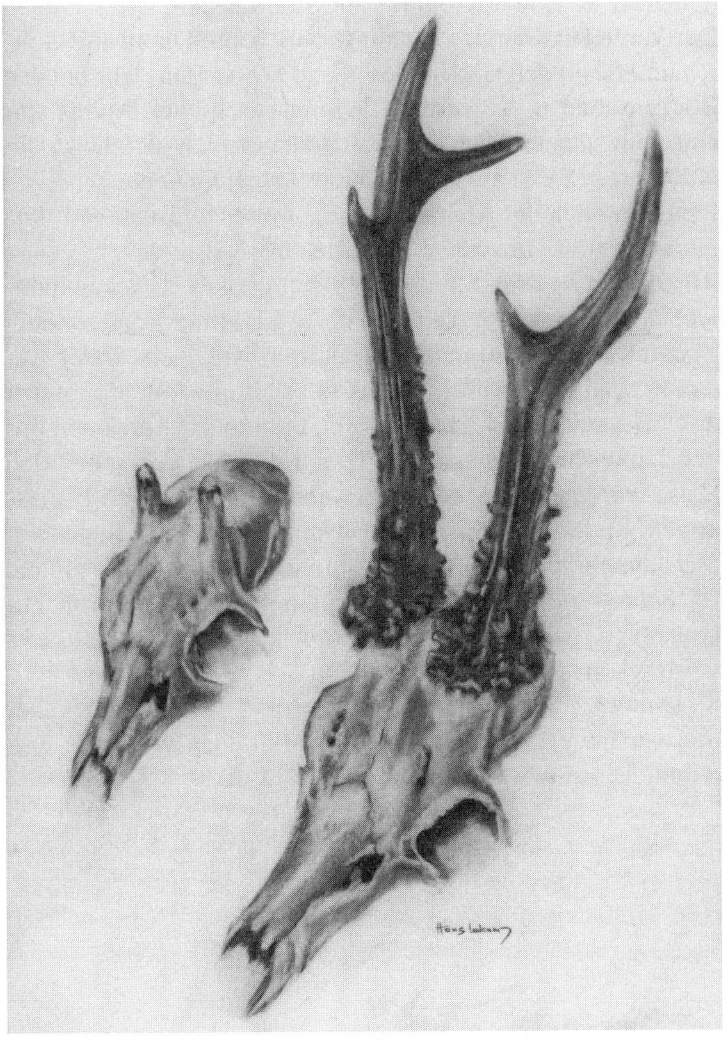

David

Diese beiden Namen fielen mir spontan ein, als eben dieser David, ein sehr schwacher Knopfbock, kurz nach der Erlegung des „Schlitzohres“ zur Strecke kam.
Der Vergleich drängte sich mir förmlich auf. David und Goliath unterschieden sich in Größe und Stärke. Das war bei den Böcken ebenso. Auch die Erlegungsgeschichte Davids war eine ganz andere. Und, den Goliath kannte ich jahrelang. David lernte ich erst am Abend seiner Erlegung kennen.
Ich hatte mich des Abends auf eine Leiter im Buchenaltholz gesetzt und lauschte gerade den Balzarien eines Ringeltaubers direkt über mir, als ein leises Knacken halbrechts vor mir meine Augen in diese Richtung wandern ließ. Ein Reh! Ein schwaches Schmalreh, war mein erster Gedanke. Langsam nahm ich das Glas an die Augen, um mir das Stück sorgfältig anzuschauen. Da hob das Stück den linken Hinterlauf, um sich am Träger einiger wahrscheinlich lästig werdender Zecken zu erwehren. Nun sah ich Brunftkugeln und war richtig erschrocken über diese Erkenntnis. Der Jährling zog nun breit an mir vorbei und stand wieder. Im Schuss rührte er keinen Lauf mehr. Dies hatte er mit Goliath gemeinsam. Winzige Knöpfe konnte ich am gestreckten Bock ertasten.
So kann es gehen auf der Jagd. Der eine über Jahre bekannt und vertraut, der andere urplötzlich da, der Wildbahn entnommen, kaum, dass man ihn gekannt hat!

Lauf Jäger, Lauf!

Diese ersten Worte eines wunderschönen, alten Jägerliedes kamen mir stets dann in den Sinn, Wenn einmal nicht ich, sondern das Wild mich auf Trab gebracht hatte.
Unfreiwillig war das allerdings nur bei den Sauen der Fall. Zwei besorgte Mütter der Schwarzkittel haben mir dann auch prompt nicht eingeplanten Frühsport spendiert.

Die erste Bache war noch human! Ich war dabei, einen Kulturzaun zu reparieren, durch den die Sauen sich ihren angestammten Wechsel wieder frei gearbeitet hatten. Gerade war ich dabei, einen Fichtenkeil in das Zaununtere zu dreschen, als mir intensiver Sauengeruch in die Nase zog. Nanu? Ich richtete mich auf. Das konnte gar nicht von weit herkommen.
Da entdeckte ich keine drei Meter entfernt einen Grashaufen. Sieh da, ein Kessel.
In der kalten Märzluft kräuselten sich kleine Dunstfäden aus dem Hucken. Frischlinge drin, musst doch mal gucken, wie viel. Da lagen sie, die kleinen, gestreiften Kerlchen. Ich hatte mich über den Kessel gebeugt und fing an zu zählen. Niedlich anzusehen. Was ich allerdings erst jetzt sah, war der Wurf der Bache. Keinen halben Meter lag er vor meinen Stiefelspitzen.
Das ging mir runter! Wie Luzifer persönlich stand sie sogleich neben dem Kessel. Ich bin durchgestartet wie einstmals Armin Harry! Mächtig geschimpft hat die junge Mutter, aber sie verließ ihren Platz nicht, wohl aus Sorge um den Nachwuchs. Ich musste an mein Werkzeug kommen. Aus diesem Grunde überfiel ich den Kulturzaun, um zum mindesten den Draht zwischen mir und der Bache zu haben, falls sie angreifen würde. Unter beruhigenden Worten, die Bache wurde fast noch mal so groß, langte ich mir meine Utensilien durch den Zaun. Geschafft! Lange noch schimpfte sie hinter mir her. Ich war schweißgebadet. Wer weiß, was eine Bache alles anrichten kann, wenn sie ihren Nachwuchs in Gefahr wähnt?“
Die andere Bache war nicht so anständig zu mir. In der Morgendämmerung pirschte ich auf einem Höhenweg durch das Altholz. Das ging gut. Nach beiden Seiten konnte man so bei gutem Wind Wild in Anblick bekommen. Ich gelangte an eine Buchennaturverjüngung, vor der wir in den nächsten Tagen eine Leiter errichten wollten. Musst doch eben mal sehen, wo sie am besten hinpasst, dachte ich bei mir. Ich geriet immer mehr in die Verjüngung, um den zukünftigen Standort der Leiter in Augenschein zu nehmen. Hier stinkt’s nach Sauen!

Ich sah mich um. Ach, du liebes bisschen, keine zwei Meter von mir standen einige schon etwas größere Frischlinge. Wo ist die Bache? Augenblicklich wurde diese Frage beantwortet. Sie stand ungefähr fünf Meter hinter ihrem Nachwuchs. Bloß nicht rühren! Ich fixierte die Bache und stand stocksteif. Glücklich registrierte ich, dass der Wind passte. Als der erste Frischling meine Stiefelspitzen untersuchte, wurde mir doch anders.

Millimeterweise drehte ich den Kopf, um einen Fluchtweg zu ergründen. Dummerweise stand ich auch noch in den Resten einer alten Buchenkrone. Du fällst aufs Maul! schoss es mir durch den Kopf. Im Geiste sah ich mich schon, gewaltig von der Bache malträtiert, aus vielen Wunden blutend, in der Verjüngung dahinsiechen. Langsam nahm ich den Schädel wieder in Richtung Bache. Da passierte es! Mit einem unanständigen „Flapp" rutschte mein Gewehrriemen vom Daumen ab. Bis dahin habe ich nicht gewusst, dass Sauen, speziell Bachen, auf ein „Flapp" reagieren. Jetzt wusste ich es. Die Bache griff an!

Gemäß den Vorschriften der Infanteriegefechtsausbildung stürmte ich, die Büchse am langen Arm, unter einem unwillkürlich aus-

gestoßenen lauten und langen „Hurreee..." in Richtung Weg. „Ich gab Kette wie ein Berserker". Die Bache war hinter mir. Nach fünfzig, sechzig Metern konnte ich nicht mehr. Ich konnte mich nicht entsinnen, seit vergangenen glücklichen Kindertagen jemals so schnell gerannt zu sein. Nicht mal beim Komiss!
Ich stoppte kurz, drehte mich um und schrie die Bache an. Sie kam schlagartig zum Stehen.
Verdutzt. Ich prahlte, was die Lunge noch hergab. Jetzt, endlich, zog sie sich zurück; immer noch unter furchterregendem Wetzen, aber sie ging. Kurz vor dem Eintauchen in die Verjüngung bot sie mir noch einen letzten Gruß. Mein ausgestoßenes „blöde Zicke" hat sie dann wohl nicht mehr interessiert. Eine Stunde habe ich auf einen Stucken zugebracht, bis ich wieder normalen Puls hatte.

Das nächste Mal lief ich nicht. Mein jüngerer Bruder Dittmar war an der Reihe. Allerdings zum Nachteil der Überläuferbache, mit der er auf fast unglaubliche Weise Kontakt bekam.
Mit beiden Brüdern, auch der ältere hatte inzwischen zur grünen Zunft gefunden, saßen wir auf Fuchs und Sauen an. Es war zeitweise ein gewaltiges Schneetreiben im Gange, und ich wurde auf meiner Leiter fast eingeschneit. Dann riss der Himmel auf. Schnee und Mond lieferten ein gewaltiges Licht. Außer Rehwild bekam ich nichts zu sehen. Nach einigen Stunden stapfte ich die paar hundert Meter zum Kleinen und rief ihn ab. Wir packten die entladenen Büchsen in den Hinterraum des Combi's, mein Bruder startete den Wagen und ab ging's in Richtung unseres älteren Bruders zwecks Heimfahrt. Wir fuhren einen Verbindungsweg zwischen zwei Wirtschaftswegen hinunter und hielten unten angekommen, das Fahrzeug an. „Ich geh ihn holen" bot sich der Kleine an. Ich hatte nichts dagegen. „Lass die Karre laufen, dann wird es warm", entgegnete ich nur noch. Er schob ab.
Das Auto lief, die Scheinwerfer waren unnötigerweise an und ich freute mich gerade ordentlich über das tolle Licht in dieser Nacht. Eigentlich zu schade, ins Bett zu gehen.

Als ich mich in meinen dicken Ansitzklamotten nach rechts drehte, um aus dem Fenster zu schauen, traf mich fast der Schlag. Da standen Sauen im Stichweg. Zwei, drei Überläufer. Keine dreißig Meter von der laufenden Karre entfernt, fingen sie an, auf dem Bankett zu brechen. Mir wurde warm. Krampfhaft versuchte ich, zu meiner hinten im Wagen liegenden Waffe zu kommen. Es ging nicht. Du musst sowieso raus, wenn du schießen willst, schoss es mir durch den Kopf. Ist doch klar. Verzweifelt überlegte ich. Zu allem Überfluss hörte ich nun hinter mir meine Brüder palavernd auf das Auto zukommen. Ich schaltete die Warnblinkanlage ein. Jetzt reagierten sie. Sie standen unschlüssig auf dem Weg. Aus der mittlerweile heruntergekurbelten Scheibe der Fahrertür sprach ich so laut wie nötig „Sauen!“

Der ältere sagt: „Ich habe entladen!“ „Dann lade neu“ hauchte ich zurück. Er tat es. Zack, die Sauen waren weg. Pech! Mächtiges Diskutieren setzte ein. Ich saß schon wieder in der Karre, als der Jüngere die Kofferraumtür aufriss, das Magazin in die Büchse stopfte, durchlud und wie ein Blitz den Stichweg hoch lief. Der ältere Bruder folgt ihm. Ich prahlte ihnen noch nach „Was soll das denn nun, die Sauen sind weg!“ Der Kleine hatte aber etwas gehört.

Schon knallte es, einmal, zweimal! Was war das? Ich stürzte aus dem Auto, rannte zu den Beiden. „Eine habe ich erwischt, die andere vorbeigeschossen“ kam es vom jüngeren Bruder. Die Sauen waren tatsächlich noch einmal zurückgekommen. So was Abgebrühtes! Oder hatten sie die Störung anders gedeutet? Da die Sau nicht am Anschuss lag und keiner von uns die Lust verspürte, ihr auf der gut sichtbaren Schweißfährte in die Dickung zu folgen, holten wir das Stück am nächsten Morgen. „Wusste gar nicht, dass du noch so rennen kannst“ flachste ich den Kleinen an. „Bei Sauen immer“ kam es zurück.

Einen Rehbock habe ich mir einmal im wahrsten Sinne des Wortes erlaufen.

Eine ganze Reihe von Ansitzen hatte ich auf den Bock schon zugebracht. Vor der Jagdzeit standen wir uns einmal zehn Meter gegenüber. Zur Jagdzeit tat er mir den Gefallen leider nicht. Von der Leiter, auf der ich hockte, war er nicht zu bekommen. Er war sehr weit weg und stand verdeckt in den Brombeeren, um mit einem Mal, bei noch hellem Licht, zu verschwinden. Wo zog er hin? Der Zufall kam mir zur Hilfe. Mittags sah ich ihn dann vom Auto aus eines Tages über den Weg, oberhalb der Leiter, auf dem Wechsel in eine andere Abteilung ziehen. Aha, warte Bock! Abends das gleiche Spiel vor der Leiter. Mit einem Mal war er verschwunden. Nun galt es! Vorsichtig verließ ich die Leiter, galoppierte einen Stichweg hinauf, auf einem Wirtschaftsweg ging es weiter und ausgepumpt kam ich nach einer weiteren hastigen Bergtour auf einer Leiter am vermeintlichen Wechsel des Bockes an.
Gewaltig raste mein Herz. Hier musste er kommen. Keine Sekunde zu früh hatte ich die Leiter bestiegen. Er kam! Ich musste mich beim Schuss gewaltig zusammenreißen. Der Bock lag.
Immer noch nach Luft jappend, nun alle überflüssigen Klamotten auf die Erde schmeißend, setzte ich mich neben den Bock. Selten einmal habe ich so lange neben einem Stück Wild gesessen, wie bei diesem Bock. Richtig stolz war ich auf mich, dass alles genauso lief, wie ich es mir zurechtgelegt hatte. Lauf Jäger, lauf!
Bei manchem Jäger läuft es ganz anders. Bei ihnen läuft alles! Einer davon ist mein jagdlicher Helfer Emil. Böse Zungen behaupten, er könne sich auf den Kölner Dom setzen, mit Sicherheit würde er dort einen Elch schießen. Ganz so schlimm ist es aber nicht. Was der Bengel für einen Anlauf hat. Sagenhaft! Man kann ihn hinsetzen, wo man will. Selten hat er mal den Rucksack leer. Da mir Jagdneid fremd ist – pass upp (pass auf), hei löcht! (er lügt!) – freue ich mich von ganzem Herzen mit ihm. Sitzt er da, wo ich am Vorabend ums Verrecken keinen Fuchs gesehen habe, schießt er garantiert von eben dieser Leiter einen Fuchs.

Wechseln wir die Plätze, kommt der Fuchs mit Sicherheit nicht bei mir. Er bringt ihn mit. Schon oft probiert. Mit den Sauen ist es genauso. Regelmäßig warte ich auf seinen Schuss.
Ich werde kaum einmal enttäuscht. Auch total aussichtslose Leitern erfahren neuen Glorienschein durch ihn. Da kann jahrelang nichts passiert sein. Dann passiert's! Für ihn ganz normal. Einen Saudusel hat der Knabe. Ist das nicht schön, wenn einem so etwas widerfährt und man es auch noch erfolgreich umsetzen kann. Ich gönne es ihm. Nicht nur ihm.
Aber auch er zieht oft leer nach Haus, das darf nicht verschwiegen werden.
„Bei mir läuft gar nichts im Moment". Schon oft gehört, oder? Auch von Jägern, die sich wirklich die Haxen abreißen und rege sind, bekommt man diese Worte zu hören. Jagd ist Jagd!
Das wäre ja grauenvoll, wenn immer und überall alles auf Anhieb passen würde. Schlimm wäre das! Immer die Ruhe von zwölf Bussarden auf dem Abendansitz walten lassen. Dann läuft's!

Es war einmal...?! Muss auch mal sein!

Wenn man wie ich das Glück gehabt hat, von Anfang an jagdlich aus dem vollen schöpfen zu können, erntet man beim Schwärmen über früher erlebte Niederwildstrecken in meiner näheren Heimat manch ungläubiges Staunen. Das ist noch gar nicht lange her, und ich habe den Satz bewusst nicht um das... „und ist nicht mehr“, oder so ähnlich, verlängert. Die obige Einleitung soll auch nicht für jahrhundertealte Schmarren stehen. Um da mitreden zu können, bin ich auch noch viel zu jung. Oftmals unterhalten wir uns noch von der 76er Jagd. Nicht nur, weil sie im Jahre 1976 war. Nein, neben vielen Fasanengockeln, Kaninchen, einem kranken Bockkitz und zwei Sauen kamen akkurat 76 Hasen in unserem Höhenzug zur Strecke.
Es passte alles an diesem Tag, kurz vor Jahresende. Kälte, Schnee, Sonne. „Kaiserwetter“ hieß das mal. Die ganze Gesellschaft war in Hochform, bis zum Ende des Schüsseltreibens. An diesem Tag wurde ich Vize und durfte als junger Dachs, in Vertretung des nach einer guten Ausrede kurzfristig abwesenden Jagdkönigs, meine erste Rede halten. Die Bande drängte darauf. Ich hatte Düse. Aber mal muss man ja ran. Den offensichtlich vorgeschobenen Abwesenheitsgrund glich der dann wieder auftauchende Jagdkönig mit einigen Pullen Schnaps aus. Er grinste über das ganze Gesicht, als er, erleichtert, meine ich, von meinen Vize-Aktivitäten gehört hatte. Bis heute kann ich mich des Eindruckes nicht erwehren, dass er hinter der Hütte hockte und nur das „Horrido“ abgewartet hatte.

In einem von unserer Verwaltung betreuten Wasserschutz- und Einzugsgebiet haben wir Fasanen, Hasen und Karnickelstrecken gehabt, die heute schon fast unwahrscheinlich anzuhören sind. Das war aber tatsächlich so. Ganze Pulks von Hähnen strichen auf die vorgestellten Schützen zu und manch älterer Herr hat resigniert die Flinte gesenkt, weil er mit dem Nachladen nicht zu Rande kam. Der Besatz an Karnickeln war ein Wahnsinn!

Nie wieder habe ich so viel Karnickel wie in diesem Revier geschossen. Hähne ebenso.
Wir, die mit den Treibern durchgehenden Schützen langten bis zur Gefährdungsgrenze der vorstehenden Schützen ordentlich hin. Das konnten wir auch. Wir schossen niemanden etwas weg. Nicht einer, nein, drei, vier und mehr Hähne standen gleichzeitig vor uns auf. Es war einmalig! Treibjagdbilder, von denen man derzeit wirklich nur noch träumen kann.
Auch in meinem kleinen Heimatwäldchen, das ebenfalls von unserer Försterei forstlich und auch jagdlich betreut wurde, kamen Niederwildstrecken zustande, die einem keiner mehr glaubt. Ein Gast schoss auf einem Stand einmal in einem Treiben, ich meine, um die 15 Hähne. In meinem Pirschbezirk habe ich den letzten vor zehn Jahren gesehen.

Bei dieser Jagd in unserem Dorfwald hätte ich eine Schnepfendublette schießen können. Die beiden Schnepfen standen vor mir auf. Ich schoss die erste, sie fiel. Da ich meinen vorgesetzten Oberforstmeister neben mir wusste, unterließ ich den leichten, zweiten Schuss.
„Schnepfe!" rief ich ihm zu. Leider schoss er vorbei.

Was waren das für Streckenbilder, wenn abends Fuchs, Hase, Kanin, Fasan und Schnepfe verblasen wurden. Und es lag was auf der Strecke. Wo sind sie geblieben? Sicherlich hat nicht nur der strenge 78/79er Winter dazu beigetragen. Ebenso wenig der nächste, Mitte der Achtziger. Zuviel Raubwild? „Intensive Land- u. Forstwirtschaft?“ Viel Tinte ist über dieses Thema verkleckst worden.
Für unseren Höhenzug, in dem die Sauen in den letzten Jahren, wie fast überall, enorm zugenommen haben, beantwortet sich vielleicht die Frage zum Teil. Auch der Dachs ist wieder da. Beide, Sauen und der Dachs lassen garantiert kein Gelege liegen. Den Junghasen nehmen sie auch mit, wenn sie seiner gewahr werden. Manche Sau wird auch über das eine oder andere Kitz stolpern, bei der Suche nach Fraß. Aber all das ist eben nur ein Teil.
Reinecke ist trotz Bejagung allgegenwärtig. Der Fasan ist nicht mehr da, der Hase nur noch in einem schwachen Besatz. Was ist zu tun? Vielleicht sind wir zu spät wach geworden?
Kümmern wir uns um das, was zurzeit wichtig für unser Wild ist! Mit unserer ganzen Kraft, mit allem, was uns zur Erfüllung unserer Aufgabe als Jäger zur Verfügung steht und realisiert werden kann. Wir müssen an das Morgen denken! Gestern ist vorbei!

Hunde und ihre Jäger!

Im Lauf der Jahre kommt man zwangsläufig mit Jägern zusammen, von denen manch einer in Erinnerung bleibt, weil sich mit ihm Situationen verbinden, die auch heute noch – wenn man wieder einmal darüber spricht – zum Schmunzeln, aber auch zum Nachdenken Anlass geben.
Herr L., mein väterlicher Freund während meiner Jungjägerzeit war ein alter, erfahrener Jäger.
Wissbegierig, wie ich nun mal bin, speziell, wenn es um die grüne Sache geht, erzählte er viel aus seiner ostelbischen Heimat. Er setzte sich dann, wenn es ans Erzählen ging, mit verschränkten Armen – und nachdem er seine Brille abgenommen hatte – in Position und legte los: „Ja, wissen Sie“ und dabei blinzelte er aus seinen nur noch als Schlitze vorhandenen Lichtern „damals in Pommern, wenn Sie zur Wildjagd gingen und hatten mit zehn Kugelpatronen nicht acht Stücke Wild liegen, brauchten Sie das nächste Mal gar nicht wiederkommen!“ Und dann zog er ab. Der Wildreichtum damals, Rotwild, Sauen, Rehwild und das kleine Zeug. Meine Güte, mir wurde schwindelig. Dass er eine gute Kugel schoss, wusste ich. Auch jetzt noch waren größere Entfernungen auf Rehwild kein Problem für ihn.
Aus einer Rotte flüchtiger Sauen hatte er unlängst eine saubere Dublette geschossen. Da bin ich dabeigewesen. Aber so viel Schalenwild im alten Pommern?
Ich gestand ihm in meinem jugendlichen Argwohn somit einen großen Batzen Jägerlatein zu.
Eines Besseren wurde ich belehrt, als ich Jahre später in Polen – im ehemals Brandenburgischen – nachts bei Mond auf dem hellen Sand meinen Jagdführer anstieß und ihn auf die ca. 40 schwarzen Punkte – weit von uns – mit den Worten aufmerksam machte:
„Kühe, Marek?“ Selbst im Mondlicht konnte ich seine verächtlich heruntergezogenen Lefzen sehen, als er antwortete: „Kiehe? Hirsche! Hirschfrauen und Kinder!“

Klapp, da hatte ich die Blamage! Kiehe! Ich schämte mich, dachte sofort an Herrn L. und tat innerlich Abbitte. Soviel Schalenwild, wie bei dieser Jagd in Polen, habe ich nirgendwo vorher gesehen. Dementsprechend sahen die Felder aus. Aber ganz so eng, meine ich, sehen die Polen das nicht.
Herr L. hatte einige meiner Jungjägerfreunde und mich zum alljährlichen Hegeringtaubentag in unserem kleinen Dorfwald begrüßt. Schnell war ein lebhaftes Gespräch im Gange.

Er besaß damals einen etwas groß geratenen Deutschen Jagdterrier, der die Eigenschaft hatte, selten das zu tun, was sein Chef von ihm verlangte und stets bemüht war, sein Herrchen mit der Leine einzuwickeln. Herr L. ist nicht groß von Gestalt, das versuchte er bei seinem Terrier durch Lautstärke auszugleichen. Leider ohne sichtbaren Erfolg. Aber er liebte seinen Hund abgöttisch. Wir waren gerade im schönsten Klönschnack bezüglich der Standverteilung und standen mehr oder weniger im Kreis um unseren alten Freund herum. Sein Terrier hatte schon mehrmals mit Erfolg dem Drahthaar eines Mitjägers in die Hessen gezwickt. Scheinbar gelangweilt reagierte der Drahthaar. Er tat so, als könne ihn der Terrier mal kreuzweise.

Er tat nur so! Urplötzlich, aus heiterem Himmel, nach erneuter Attacke des Kleinen, zog der Drahthaar an. Ab ging die Jagd. Immer um L. herum. Jede Leine hat nur eine gewisse Länge. Sie wissen schon. Ehe wir uns versahen, war er eingewickelt und ohne reagieren zu können, hob er in der Hatz gleich einem Brummkreisel ab und schlug alsbald hart auf!
Der Drahthaar musste in Downstellung. Er war ja im Recht, wer lässt sich schon dauernd in den Hintern zwacken? Wir entflochten und rollten den Gestürzten, Hund und Flinte aus der Leine, setzten ihm seinen Hut auf und grölten los. So laut und befreiend, dem Armen war nichts passiert, dass nun der Terrier vorsichtshalber eine Downstellung andeutete. Allein unser nicht enden wollendes Gepruste hat den Terrier mit Sicherheit vor einer Tracht Prügel bewahrt.
Es gibt viele Jäger, die den Terrier nicht mögen. Ich mag ihn. Was wäre z. B. eine Saujagd ohne Terrier? Schneid haben die kleinen Racker. Manchmal leider zuviel, aber wenn der Säbel erst einmal gezogen ist und in Richtung Feind zielt, gibt es kein zurück. Haben Sie es gemerkt? Richtig! Ich habe selbst einmal eine Terrierhündin gehabt. Freund Rolf, ein passionierter Rüdemann, hatte einen Wurf gezogen. Als ich ihn besuchte, war Dixi, so taufte ich sie, die kleinste Kröte des Wurfes. Als ich sie das erste Mal sah, es blitzte sofort bei mir, hatte sie nur aufgrund der Tatsache, dass sie sich gerade unanständig vollgeludert hatte, die Größe von ungefähr eineinhalb Männerfäusten. „Die ist so mickrig, die wird es wohl nicht schaffen!" waren Rolfs Worte. Das ging nicht. Die Familie wurde informiert und nach schnell beiseite geschobenen Bedenken wurde ich Besitzer von „eineinhalb Fäusten Hund".
Die Kleine gedieh prächtig. Sie war Mittelpunkt der Familie. Wenn sie mit meinem Sohn spielte, war ich abgemeldet. Aber ich bekam sie einigermaßen in den Griff. Katzen mochte sie von Anfang an nicht. Die verbellte sie schon, kaum „drei Fäuste" groß. Angst war ihr unbekannt. Große Hunde, aufziehende Gewitter, leider auch fahrende Autos, verbellte sie ausdauernd und giftig. Menschen hingegen tat sie nichts. Solange ich

Dixi hatte, war mein Grundstück katzenfrei. Ich wohne auf dem Dorf und bin glücklich darüber. Wir haben noch jede Menge Katzen. Große Scherereien hat es nicht gegeben, nur einmal. Die stabile Katze eines Nachbarn suchte zwecks Erledigung ihrer Bedürfnisse grundsätzlich meinen Garten auf. Ein paar Mal war die Hündin dicht daran, dem Carlo den Garaus zu machen. Ich warnte meinen Nachbarn.
„Onkel Gustav, deine Katze lebt gefährlich, ich garantiere für nichts" gab ich eines Tages über den Zaun. Der alte Herr sah mich an und kratzte sich die Stirn: „So 'ne lütsche Teebe? Wat sall de denn schon groot maken?" Eines Tages war es soweit! Ich fummelte im Garten herum und mit einem Mal hörte ich nur noch ein gellendes Gekreische. Ich rannte zur Einfahrt und konnte meinen Terrier nur noch bitten, nun allmählich von der Katze abzulassen. Irgendwann tat die Hündin das. Auf dem Dorf ist man nicht so empfindlich. Aber man weiß ja nie.
Mit der Katze am langen Arm marschierte ich zum Nachbarn. Ich hielt sie ihm unter die Nase. „Ich hab es dir gesagt!" hielt ich ihm vor. Er machte große Augen, holte Luft und sprach sodann: „Ick hebbe ja noch 'n paar davon, aber düsse Katte musste mick betaalen!"
Ich habe sie ihm nicht bezahlt. Wir wurden uns so einig.

Dixis Ausbildung wurde jäh unterbrochen, als ich mir im kommenden Frühjahr bei Aufräumungsarbeiten in einer Weihnachtsbaumkultur beinahe den linken Unterschenkel mit der Motorsäge abschnitt. Viel hat nicht gefehlt. Die ausgefallene Zeit habe ich nicht nachholen können. Die Hündin ging mir aus der Hand. Ich bot meinem Freund Rolf an, mit ihr zu züchten. Er nahm sie zurück. Dixi ist im Dachsbau geblieben. Rolf war zum Füchse sprengen mit seinen Terriern und verlor die Kleine, als sie in einem Dachsbau landete. Ich hätte nicht gedacht, dass sie in einen solchen nochmals einschliefen würde. Sie hatte schon einmal böse Erfahrung mit Schmalzmann gemacht, und wir mussten sie ordentlich wieder zusammenflicken. Aber was sage ich? Terrier! Kleine Kerle, mit einem großen Kämpferherz.

Zwei lustige Begebenheiten, die ich mit der Hündin erlebte, gehören noch hierher.
Mit einem Selbstwerber in Sachen Fichtenstangen war ich auf dem Weg zu der für ihn vorgesehenen Fläche. Dixi stand auf der Rückbank des Käfers, die Vorderläufe jeweils auf Fahrer- und Beifahrersitz gestellt. Das tat sie meistens. Ja nichts verpassen. Dabei nabbelte sie ständig an meinem Ohr herum, um mir so ihre Sympathie kundzutun. Bei dem Selbstwerber tat sie das auch. „Sagen Sie dem Köter, er soll das lassen!“ sprach er barsch, „der stinkt aus dem Hals!“ Na, also!? Das ist ja wohl die Krönung! Mein Hund und aus dem Hals stinken?
Niemals! So ein kleines Mädchen. Der Kunde ist König und deswegen schickte ich sie in Downstellung. Jetzt war sie sauer. Manchmal stinken Hunde natürlich, speziell, wenn sie verdauen. Das tat sie nun. Rache, dachte sie wohl. So ein Hund ist ja nicht dumm.
Ich bemerkte es. Mein Nachbar auch. Erst zog er die Nüstern hoch, dann sah er mich gequält an. „Nicht nur, dass Ihr Köter stinkt, jetzt fangen sie auch noch an. Können Sie nicht warten, bis wir draußen sind?“ Das war ja wohl der absolute Hammer!? Alle Gegenwehr half nichts, er glaubte mir nicht. Das

war mir peinlich. Ich bin ja anständig erzogen. Die Rückfahrt mit mir trat er nur an, nachdem ich zugesichert hatte, ein Fenster zu öffnen. Man leidet oft und gern für seinen Hund.
Ein Landstreicher, der meinen Pirschbezirk mit großen Mengen von Unrat geschändet hatte und den ich deswegen zur Polizei bugsierte, hatte mächtigen Schiss vor der Kleinen. Bei ihm fing sie auch an, am Ohr zu nabbeln, zog dann aber sofort die Lefzen hoch und ließ ein abgrundtiefes Gurgeln hören. Der Kerl zuckte zusammen. „Beißt das Mistvieh?"
Mistvieh?! Der hat sie wohl nicht alle, dieser leicht säuerlich riechende Lumpensack.
„Klar beißt sie, aber nur, wenn ich nicke!" blaffte ich den Kerl an. „Ich frage jetzt nichts mehr". Ab sofort ließ er mit starrem Blick meinen Schädel nicht mehr aus den Augen.
Kleine, tapfere Dixi, warst ein feines Mädchen.
Wodan, der kleine Münsterländerüde meines Chefs, von dem wir meinten, dass ihm eigentlich nur die menschliche Sprache fehlte, leistete Gewaltiges. Nicht nur, dass er auf Treibjagden, was Art und Reihen folge seiner Apportierarbeit anbetraf, glänzte, nein, auf unzähligen Nachsuchen auf Rehwild war Wodan der Hundestar unserer Försterei.
Es grenzte oftmals an das Unglaubliche. Mit zunehmendem Alter wurde er immer besser.
Einzige Macke, die ja gar keine war, waren seine ausgedehnten Hochzeitsausflüge, wenn eine der Hundedamen im näheren und weiteren Umkreis um Begleitung heischte. Zu Haus konnte Wodan sich fast alles erlauben. Einmal allerdings ging es ihm schlecht. Die Förstersfrau hatte eine ordentliche Ladung Frikadellen angebraten, es war Kindergeburtstag, und diese zum Abkühlen auf den Tisch gestellt. Sie war nicht lange abwesend. Man hat ja einiges vorzubereiten für solch eine Fete.
Als sie die Küche betrat, war Wodan just dabei, die letzten der leckeren Klopse in Richtung Magen zu schieben. Das war ein schwarzer Tag für Wodan.
Er hat aber überlebt. Die Fressgier der Hunde ist oftmals, trotz guter Erziehung, gewaltig.

Sie vergessen dann alles. Wohl wissend, das kann man sehr schön an ihrem Gehabe nach dem Delikt feststellen, dass sie etwas Verbotenes getan haben.

Tessy, meine Wachtelhündin, war ein gut erzogenes, anständiges Mädchen.
Auch bei ihr brannte mal die Sicherung durch. Meine Frau hatte zum Weihnachtsfest eine Rehkeule vorbereitet. Als dies geschehen war, kam der Braten auf einen Teller zur nächsten Prozedur. Die Hündin hatte strenges Küchenverbot. Niemals, bis zu diesem Tage hatte sie dieses Verbot ignoriert. Jetzt tat sie es! Mit einem Aufschrei betrat mein liebes Weib die Küche. Zu spät! Wer schon einmal mit Wachtelhunden zu tun gehabt hat weiß, wie schnell und problemlos sie ihr Futter runterschlingen können. Die Bemühungen meiner Frau waren vergebens, die Keule war hin. Wutentbrannt rief sie mich im Betrieb an. Ich hätte mich kaputtlachen können. Meiner Frau empfahl ich, die noch vorhandene zweite Keule zum Fest zu richten. Was sollten wir sonst auch tun?
Tessy war von kleinauf für alles Fressbare zu begeistern. Dabei war sie nicht fett. Mit unglaublicher Geschwindigkeit leer-

te sie ihren Futternapf, um fangschlabbernder- und hujahenderweise ihr „Nachschlag-Gesicht" aufzusetzen. In einem unbeobachteten Moment hat sie sich mal etliche Likörpralinen einverleibt. Voll wie ein Eimer, blöde grinsend, wankte sie durch die Gegend. Ich hatte Sorge um ihre Gesundheit. Unbegründet! Eine Wachtel kann eine ganze Menge vertragen. Tessy hat sich leider unrühmlich verabschiedet. Sie kam in die Hitze und war aus diesem Grunde im Zwinger. Als mein Sohn sie füttern wollte, huschte sie durch die Tür und ab ging die Post. Sofortige Suchaktionen blieben erfolglos. Der Mischlingsrüde, mit dem sie stiften ging, kam einige Tage später zurück. Tagelang haben wir gesucht. Ich litt gewaltig.
Weder Polizei, Feuerwehr und auch die Tierheime der näheren Umgebung konnten mir positive Nachricht bieten. Tessy, altes Mädchen, das musste nicht sein! Ich habe sie nie wieder gesehen.

Die Hundeerinnerungen möchte ich mit den Jagdterriern abschließen, obwohl es viel, ja, sehr viel auch über Vertreter anderer Rassen zu erzählen gäbe.
Bei einer Drückjagd, bei der uns einige erfahrene Rüdemänner unterstützten, stellten die Terrier in einer Dickung einen mittelalten Keiler. Der Keiler ging gewaltig zur Sache. Er schlug einige Hunde dermaßen, dass man um ihr Leben fürchten musste. Einer von ihnen musste dann auch sofort zum Tierarzt. Auf einer im Altholz stehenden Leiter – ich hatte vorher Gäste abgestellt – hörte ich von dem wahnsinnigen Getöse des Kampfes. Die Hunde blieben dran, der Keiler gab Fersengeld.
Verfolgt von der aufjauchzenden Terriermeute kam er hochflüchtig durch das Buchenaltholz. Ein gewaltiger Anblick! Er hielt genau auf die Schützenlinie zu. Mein Nachbar zur Rechten, dem er näher kam, hatte sich auf der Leiter umgedreht und war in Anschlag gegangen.
Auch ich tat das. Jetzt musste er schießen. Er tat es nicht. Auf zu kurze Entfernung Überschoss er das Stück sodann. Der Keiler drehte nach dem Schuss ab und flüchtete in meine Rich-

tung. Wenn er so weiterkommt, schoss es mir durch den Kopf, muss er auf 50 Meter deine Leiter passieren. Ich hatte ihn im Zielfernrohr. Baum, Sau, Baum, Sau!
Die nachhetzenden Terrier schrien fast. Der erste Schuss – ich hatte eine neue Büchse mit einem mir noch ungewohnten Flintenabzug – ging daneben. Repetieren. Da ist das Haupt. Scheibenbreit hatte ich die Sau im Glas. Schuss! Nicht mal gemuckt hat er, bei der 9,3 x 62, 19 g TUG. Wieder hatte ich repetiert. In diesem Moment, keine zehn Meter weiter, ging der Keiler wie ein Hase über Kopf, schlug hin und lag. Ein letztes gewaltiges Blasen. Dunst stieg von ihm auf. Aus! Sofort waren die Terrier am Keiler und ließen ihren ganzen Hass an dem zur Strecke gebrachten Malträtierer ihrer Koppelgenossen freien Lauf. Ich ließ sie gewähren.
Was hätte ich sonst auch machen sollen. Das gehört dazu, die Hunde brauchen das!
Versuchen Sie einmal in solch einer Situation einem Terrier zu erklären, er möchte sich doch bitte nunmehr wieder um den Rest der Sauen kümmern. Vergebliche Liebesmüh!
So gewaltig der Keiler aussah, als er durch das Altholz kam, so enttäuschend war sein Gewicht. Der drei- bis vierjährige Keiler wog noch ganze 64 Kilo. Mächtig abgerauscht hatte er nichts mehr auf den Rippen, die Keulen wirkten eingefallen, fast mickrig zum Restkörper. Beim Abschwarten kamen jede Menge Rauschzeitblessuren zum Vorschein. Aber, das ganze Drum und Dran des Erlebten war wichtig. Den Hunden hatte ich es zu verdanken, dass der Keiler die Dickung verließ. Der Rest ist Sache des Schützen, der das Glück hat, das Wild schussgerecht vor den Lauf zu bekommen.
Ein dreifach Hoch unseren vierbeinigen Kumpels!
Viele Hunde habe ich gesehen. Gute und weniger Gute. Schlechte Hunde gibt es nicht. Schlecht gemacht werden sie nur durch ihre zweibeinigen Kopfhunde.

Jagdliche Helfer

Wie man sich bettet, so ruht man!
Keine Bange, ich möchte hier keine halbseidenen Bettgeschichten loswerden. Es geht vielmehr um unsere Bequemlichkeit. Um Leitern und Kanzeln, die wir zum Zwecke der Jagdausübung errichten. Da kann man des Öfteren tolle Bauwerke sehen. Einige, wenn man denn im fremden Revier ist, verlässt man mit dem Gefühl, das Leben neu geschenkt bekommen zu haben!
Andere wiederum sind gut und ordentlich gebaut und man sitzt gern auf ihnen. Seit einem bösen Sturz von einer freistehenden Leiter bin ich vorbelastet, ja ängstlich, wenn es um die Besteigung offensichtlicher Kanzel- und Leiterveteranen geht. In meinem Pirschbezirk lege ich größten Wert auf außerordentliche Stabilität dieser Sitzmöglichkeiten. Der Sturz von der freistehenden Leiter hängt mir heute noch nach. Dummerweise wurde auch mein älterer Bruder leidtragender dieser dummen Sache.
Er war Jungjäger und wollte sich mit mir Rehwild ansehen. Wir hatten uns gerade zurechtgesetzt, die Waffe lag angelehnt auf Sitz und Schießleiste, als die Reise nach rückwärts abging. „Runter!" schrie ich nur noch. Ich ließ mich nach rechts aus der Leiter fallen und knallte nach wohl vier Meter Freiflug mit Schulter und Kopf auf einen Stucken. Wahnsinniger Schmerz! Benommenheit! Mein Bruder schaffte es nicht mehr, er lag in den Trümmern. Ohne Besinnung. Wie ein Wahnsinniger schrie ich los und riss die Bretter und Rundhölzer weg, um ihn zu befreien. Um Haaresbreite wäre er zwischen zwei Hölzer gekommen und hätte sich das Genick gebrochen. Irgendwann schaffte ich es, ihn freizuräumen. Er kam zu sich und stöhnte. Wir mussten in ärztliche Behandlung.
Meiner Büchse war nichts passiert, sie lag zwischen den Trümmern, ohne einen Kratzer davonzutragen. Mein Vater warf mir Pfuscharbeit vor. Das war nicht an dem. Bis heute behaupte ich, dass an der Leiter, bezüglich der Stabilität, manipuliert wor-

den war. Ich hatte auch einen Verdacht. Beweisen konnte ich es nicht. Seither zerre ich an jeder Leiter oder Kanzel, bevor ich mich nach oben wage. Das tat ich auch an einer ungefähr acht Meter hohen Kanzel in Polen! Marek, mein Jagdführer, ansonsten nur pirschend mit mir unterwegs, hatte die Leiter aufgrund des saumäßigen Wetters zum Ansitz auserkoren. Es goss wie aus Eimern bei Windstärke fünf bis sechs. Wahnsinn, überhaupt auf Jagd zu gehen.

Nun stand ich vor dem schwankenden, auf dünnen Stempeln, ohne Stützen abgesichertem Monstrum. Ich brauchte gar nicht mehr zu zerren, das Ding schaukelte wie ein Fischkutter.

„Da willst du rauf?" fragte ich ungläubig. „Gut Hochsitz, gute Hirsch kommt" war sein unbefriedigender Kommentar. Ich hatte Angst. Marek ließ nicht locker. Es war der Tag der deutschen Wiedervereinigung. Alles feierte. Ausgerechnet ich sollte an diesem Tage in den Trümmern eines polnischen Hochsitzfossils mein Ende finden? Wilde Bilder stiegen in mir auf.

Ich bin dann doch auf glitschigen, dünnen Sprossen auf dieses Wrack geklettert. Marek hinter mir. Oben angekommen, war es stockfinster in der Bude. Säcke hingen vor den Luken.

Meine Herren! Marek kam, grinste, rollte die Säcke auf und nahm auf der Bank Platz.
Bank? Ein zehn Zentimeter breites Brett, das auch noch festgenagelt war. Marek suchte sich die richtige Position für die nächsten Stunden und verhalf damit der Kiste zu regelmäßigen Schwingungen. Mir wurde gammlig. Die Knie drückten gegen die Kanzelwand, und das Brettchen klemmte all das ab, was es bei dem Sitzenderweise, schlotternden Jägersmann erreichen konnte. Jetzt schlug mir der Wind auch noch den vorderen Sack in das Gesicht.
Marek erhob sich, die Kiste schwankte wiederum gefährlich. Krampfhaft hielt ich mich fest.
Das reichte! „Gut Hochsitz“ grinste mein Passmann. „Ich habe die Schnauze voll, Marek, ab nach Haus, du willst mich umbringen!“ „Nachher feiern, Hirsch und deutsch Einheit zusammen“ beharrte er. „Nichts da, ab nach Haus, Wodka und Pivo trinken“. Er murrte. Erst, als ich drohte, ihm die Dividende zu streichen, gab er nach. Sauer war er trotzdem.
Ich habe an diesem Abend nicht nur auf Deutschland getrunken.

Oft gibt es bezüglich der Standorte unserer hölzernen Jagdgehilfen wochenlanges Abwägen. Aber dann eines Tages geht es los. Die Kanzel oder Leiter steht und man ist glücklich über die neue Ansitzmöglichkeit. Umso verwunderlicher ist es dann, dass manche nicht den Zuspruch erfahren, der ihnen eigentlich gebührt. Geht es Ihnen auch so? Aus irgendeinem Grunde, manchmal ist es anfänglicher Misserfolg, sind einem diese Bauwerke unsympathisch. Mit anderen wiederum befassen wir uns des Öfteren. Wir sitzen gern auf ihnen und bevorzugen sie.
Nicht unbedingt müssen von diesen immer die dicksten Böcke, Hirsche oder Sauen erlegt worden sein. Nein, man hockt dort einfach gern. Komisch? Manche haben einen Namen, der Auskunft über Erfolg oder Misserfolg ihrer Benutzer, aber auch über äußerliche Merkmale ihrer Bauweise Auskunft gibt. Tolle Namen gibt es da. Wenn man älter wird, wird man bequemer.

Ich bin noch nicht alt. Trotzdem bemühe ich mich auf meinen Leitern und Kanzeln um Bequemlichkeit. Es ist ein Unterschied, ob man etliche Stunden frei schwebend als Intensivstationsanwärter oder bequem angelehnt mit ordentlichem Fußraum und ausreichend Platz für seine Utensilien ansitzt. Das kann niemand abstreiten. Und doch! Was habe ich schon für Marterstühle erlebt. Am Anfang habe ich selbst solche Dinger gebaut. Nichts mehr.
Wer sich unbedingt Fakirqualitäten aneignen will, sollte das nicht unbedingt auf dem Ansitz tun. Tut er es doch, so ist das sein Problem. Dann wäre allerdings noch zu empfehlen, statt dem glatten Sitzbrett doch eines mit Nägeln, die in Richtung Spiegel zeigen, zu benutzen.
Wenn die Hölzer nach zig Jahren treu ihren Dienst versehen haben, sind sie eines Tages reif für den Hüttenkamin. Weg mit ihnen, bevor sich jemand Leid antut. Außerdem sehen diese Ruinen nicht gut aus, wenn sie nur noch teilweise in der Gegend rumhängen, und ihr Anblick verschandelt zudem den ganzen Busch. Sehen wir uns nach den Erfordernissen der Jagdausübung einen neuen Standort an. Der Reiz des Neuen! Oder? Siehe oben!

Jedoch nicht nur unseren meistens hölzernen Ansitzhelfern müssen wir Beachtung schenken. Unsere zur Jagdausübung notwendigen Feuerwaffen aber auch die kalten Waffen sind absolut feste Bestandteile bei unserem Bemühen, uns anständig und ordentlich als Jäger zu produzieren. Die Pflege, das Erhalten der Funktion und Einsatzbereitschaft unserer Waffen verdient höchste Aufmerksamkeit. Weidgerechtigkeit und größtmögliche Sicherheit, verbunden mit den Vorschriften, die der Gesetzgeber uns auferlegt, sind die zu beachtenden Fakten.
Deswegen: Ein wenig über... Waffen
Nur ein wenig! Tja, gibt es eigentlich „die Waffe", um gleich einmal das uralte Stammtischthema provozierend aufzugreifen! Ich behaupte, ohne Interesse für weitere Diskussionen aufzubringen, ja! Ja, es gibt sie; und zwar für jeden von uns. Die

Waffe, mit der jeder einzelne von uns nachhaltig Positives erlebt hat, ist seine, ist „die Waffe“. Wetten das?!
No comment! Ob Büchse, Flinte oder Kombinierte ist natürlich von den Revierverhältnissen abhängig, und dementsprechend häufig oder selten ist die eine oder andere Waffe im Einsatz.
Aber „die Waffe“ gibt es nur einmal. Siehe oben. Sicher, der Einsatz der Flinte ist im Großen und Ganzen klar. Natürlich kann man mit dem Flintenlaufgeschoß auch Schalenwild bejagen.
Wenn wir aber zu den Büchsen und kombinierten Waffen mit den vielfältigen Möglichkeiten der Kaliberwahl bzw. Zusammenstellung kommen, gibt es zig Meinungen darüber. Das zieht sich von beharrlich verteidigten Standpunkten bis hin zu Weltanschauungen.
Unserer „Waffe aller Waffen“ verzeiht man auch den ein oder anderen Patzer (den wir fast immer selbst verschulden). Man muss da ehrlich sein. Über solche Diskussionen ist schon viel Tinte verspritzt worden und ich will ja, wie erwähnt, nicht auch noch Diskussionsanreize schaffen. Man muss probieren, was passt. Bei dem einen geht das schnell, der andere sucht länger. Mancher ein Leben lang. Das sollte man nicht unbedingt nega-

tiv bewerten. Die Freude am Neuen kann der, der Beständigkeit in solchen Dingen, durchaus ebenbürtig sein und den gleichen Stellenwert einnehmen. Die Dampfmaschine ist ja auch weiterentwickelt worden.
Ich suche gern und kann mich ordentlich über etwas Neues freuen. Keine Diskussion!
Aber davon wollte ich gar nicht erzählen. Bei unserer Jagdausübung benutzen wir ja auch unsere „kalten Waffen". Ich meine, dass, was die Sicherheit und der Einsatzzustand unserer Messer anbelangt, sollten wir nicht weniger anspruchsvoll wie bei unseren Feuerwaffen sein.
Über die Vielzahl der Formen und Größe, ob feststehend oder zusammenklappbar, ist jeder, der täglich mit unseren „kalten" Helfern umgeht, informiert. Natürlich ist es auch hier Geschmackssache, was man sich an den Gürtel hängt oder aber in Messertasche oder Rucksack packt. Es muss für die jeweiligen Revierverhältnisse zweckmäßig sein. Mit einer drei Zentimeter langen Klinge einen 120 Kilo-Keiler aufzubrechen, ist genauso unsinnig, wie einen Karnickelbock mit dem Weidblatt nach Oberforstmeister Frevert abzubalgen.
Wenn wir von den handgefertigten und begehrenswerten Produkten unserer Messermacher einmal absehen, bieten viele Hersteller gute Produkte zu erschwinglichen Preisen für den jagdlichen Alltag an. Wer die Wahl hat, hat die Qual. Wenn man häufig Wild aufbrechen, abschwarten, abbalgen oder aus der Decke schlagen und zerwirken muss, kauft man sich nicht unbedingt ein Messer auf dem Flohmarkt. Aber auch dort soll es ja Schnäppchen geben?!
Ich jage seit über zwei Jahrzehnten in einem Revier, in dem es anfangs noch reichlich Hasen, Fasanen und Karnickel gab. Sie sind mittlerweile rar geworden. Der Rehwildbestand war und ist gut. Die Sauen haben zugenommen, der Fuchs ist sowieso da und auch der Dachs, besatzmäßig erfreulicherweise auf dem aufsteigenden Ast, ist vorhanden. Das Betätigungsfeld meiner „kalten" Helfer ist also vielfältig. Natürlich habe ich im Lauf der Jahre einige Messer ausprobiert.

Feststehende und Zusammenklappbare unterschiedlicher Qualität und Preislage. Durchweg waren sie alle zufrieden stellend im Gebrauch.
So richtig angefreundet habe ich mich allerdings mit zwei Messern, einem Nicker und einem etwas üppigem Taschenmesser mit lediglich einer Klinge. Der Nicker hat normale Maße und passt bequem in die Beintasche. Das Taschenmesser hat, wie gesagt, etwas größere Ausmaße, ist aber im Gebrauch bei dementsprechender Pflege ungemein praktisch. Eine Menge Wild haben diese beiden Messer schon gesehen. Auch mancher Knüppel (jetzt erschauern die wahren Messer-Freaks) wurde damit geschnitten oder störende Äste entfernt. Der Nicker hat auch bei einem Stück Elchwild, dass ich bei Freunden in Schweden erlegen durfte, den Dienst nicht versagt. Wer schon einmal ähnliches gemacht hat, weiß Bescheid. Tja, so weit, so gut.
Obwohl meine beiden Favoriten über jeden Zweifel erhaben sind, habe ich mir vor Kurzem einen Nicker bauen lassen. Ich habe dem Messermacher meine Wünsche, was Maße und Beschaffenheit anbetrifft, vorgetragen. Er hat mir einen bildhübschen, handlichen und überaus zweckmäßigen Nicker gebaut. Richtig gefreut habe ich mich über dieses Prachtstück!
Seine ersten Einsätze hat er zu meiner vollen Zufriedenheit bewältigt. Das war es dann wohl?
Aber vielleicht kommt mir ja noch einmal etwas anderes, neues, in den Sinn? Keine Diskussion!

Und dennoch... Waffen! Wie gesagt, keine Diskussion! Aber ich muss einfach noch loswerden, dass ich natürlich im Lauf der Jahre eine ganze Menge Gewehre gehabt habe. Einige Bockbüchsflinten, Repetierer und auch ein Drilling bevölkerten meinen Waffenschrank.
Unabhängig davon, dass wir unser Wild aufgrund bestehender Gesetze und natürlich auch aus Gründen der Weidgerechtigkeit – ich erwähnte es bereits – mit dem jeweils angepasstem Kaliber bejagen müssen, gibt er immer wieder Situationen, in denen sich der Einsatz der nach langem Überlegen angeschafften

Waffe verbietet. Zweifel kommen auf Hättest du man doch nach etwas dickerem gelangt. Merken Sie es? Das „etwas dickere“ steht dann irgendwann im Schrank. Siehste wohl! Prompt kommt unserer neuen Kombinierten in einer wunderschönen Schneenacht, die wie geschaffen ist für die Premiere des neuen Stückes, statt der erhofften Sau, die wir mit dem „etwas dickeren“ Kaliber problemlos auf die Schwarte legen könnten, ein Fuchs mit einem zauberhaften Balg daher. „Nee! Dat geiht nich an!“

Man muss sich irgendwann zu einem Standpunkt durchringen. Für den Rest des Jägerlebens. Sonst gibt es nicht nur schlaflose Nächte, sondern auch permanent das Gefühl, falsch bewaffnet zu sein. Das ist schlimm. Ende! Da bin ich durch. Für alle Zeiten. Von allen meinen Waffen sind neben zwei ordentlichen Flinten noch zwei Repetierer im Haus geblieben. Und natürlich meine uralte .22 lfb aus frohen Kindertagen.

Von den anderen, teils wunderschönen Waffen, habe ich mich wieder getrennt. Ich möchte jedoch niemanden animieren, das Testen von diversen Waffen nun unverzüglich einzustellen. Auch diesbezüglich habe ich bereits erwähnt, dass die Dampfmaschine ja auch weiterentwickelt wurde. Man muss, so glaube ich, einen gewissen Zeitraum zum Testen verplanen. Ich habe gute und auch schlechte Erfahrungen mit meinen auserkorenen Kalibern gemacht.

Immer davon ausgehend, dass die Kugel auf Reh- und Schwarzwild ausreichende Wirkung haben musste, bin ich von 6,5 x 57, 7 x 65R, .30-06, 8 x 57IS, 8 x 68S bis zur 9,3 x 62 gekommen. Nicht in der genannten Reihenfolge.

Kreuz und quer ging das. In den kombinierten Waffen hatte ich 16er und 12er Schrotläufe, das will ich nur am Rande erwähnen, da beide Kaliber ihren Zweck erfüllten.

Mit den genannten Kugelkalibern – echte Waffen-Freaks haben für das genannte schlappe Sortiment bei einem Blick auf ihre eigenen Lieblinge natürlich nur ein Lächeln parat – habe ich Rehe, Rotwild und Sauen erlegt. Mit der 9,3 x 62 auch ein paar nichteinheimische Wildarten.

Die 8 x 68S auf Rehwild einzusetzen, hat mir widerstrebt. Der nicht gerade zärtliche Ruckser des Kolbens auf meine, nach einem Gleitflug vom Hochsitz demolierte Gelenkkapsel, ließ eine reuelose Trennung von diesem bildhübschen Repetierer problemlos zu. Von mancher Waffe habe ich mich sehr schwer getrennt. Um es kurz zu machen: bis auf die leichte, führige Büchse im Kal. 7 x 57 und die 9,3 x 62 sind eine Reihe Einstellplätze im Waffenschrank zurzeit frei.
Mit der 7 x 57 bejage ich Fuchs, Reh und Sau. „Da hämmert der mit der 7 x 57 auf den Fuchs", höre ich nun manch einen kopfschüttelnd sagen. „Eine Bockbüchsflinte mit einem Fuchskaliber gehört in die Hand des passionierten Fuchsjägers" schüttelt es weiter.
Einen Teufel werde ich tun! Dabei bin ich ein gewaltig passionierter Fuchsjäger trotz mancher Pleite. Das weiß jeder, der mich kennt. Ich kann die Situationen nicht mehr zählen, bei dem der Schrotlauf meiner Kombinierten aufgrund der Entfernung nicht zum Einsatz kommen konnte.
Dann habe ich die Kugel genommen. Diese war aufgrund ihrer ballistischen Daten mehr etwas für Sauen. Häufig entwertete Bälge läuteten das Ende dieser Aktionen ein. Ich schieße heute jeden Fuchs mit der 7 x 57 und habe selten total unbrauchbare Füchse auf der Strecke.
Da war doch noch was? Ach ja! Kein Thema für mich. Einen Bockdrilling, in vielen Situationen überhaupt „die" Ansitzwaffe, kann ich mir nicht leisten. Außerdem kann ich für Drillinge keine Sympathie entwickeln. Aber das ist etwas anderes. Auch Einsteckläufe sind mir unsympathisch. Nehmen wir nun, wie oben erwähnt z. B. eine Bockbüchsflinte mit einem dem Fuchs genehmen Kaliber, dann fragt sich der Keiler, wer ihn da des Nachts ärgern will, weil der Jäger lautstark sein nicht sautaugliches Kaliber verflucht. Man muss Zugeständnisse machen. Oder auch nicht. Ich für meinen Teil habe Frieden damit. Sollte der ein oder andere Fuchs tatsächlich zerschossen sein, so muss er dementsprechend entsorgt werden.

Bei den heutzutage sicherlich gerechtfertigten Zurichtungspreisen für Fuchsbälge überlegt man sich so ungefähr ab dem fünften Winterfuchs, ob man nicht einen Kleinkredit aufnimmt und schielt schon mal nach den angebotenen Konditionen diverser Banken. Sind die Bälge fertig und kommen vom Gerben zurück, ist niemand bereit, dem armen Jägersmann einen angemessenen Preis für seine Ware zu zahlen. Es gibt keinen Markt für unsere heimischen Rauchwaren. Zumindest nicht in meiner Region. Das ist ein Jammer. Vor etlichen Jahren haben ganze Berufsjäger- und Försterfamilien davon ein gutes Stück ihres meistens nicht sehr üppigen Gehaltes aufstocken können. Vorbei! Ich habe immer noch die Hoffnung, nicht nur aufgrund der beängstigend angestiegenen Fuchspopulation, dass es eines Tages irgendeinem Modezaren gelingt, selbst die Antijagdtransparente und ihre Sofatöle schleppenden Allroundumweltrevoluzzerin für unsere herrlichen Rauchwaren zu begeistern.
Man darf die Hoffnung nicht verlieren. Der Rufer in der Wüste! Ab und zu geschehen noch Wunder. Vielleicht sollte sich auch die Jägerschaft insgesamt ein wenig mehr um PR bemü-

hen. Ich glaube, die ganz oben, unser Hundeobmann sagt immer die „Kopfhunde“, müssen da unbedingt am Ball bleiben.
Zurück zur 7 x 57. Mit der Büchse bejage ich im heimischen Revier, wie gesagt, Fuchs, Rehwild und natürlich auch Sauen. Bei Pirsch und Ansitz. Ohne Probleme.
Zu den Drückjagden kommt meine heiß geliebte kurze 9,3 x 62 zum Einsatz. Mit dem 1,2-5 x 32-Glas ist das eine runde Sache. In meinem bisherigen Jägerleben habe ich jenseits des heimatlichen Grenzsteines Elch- u. Rotwild sowie einige Antilopen und Warzenschweine bejagt. Alles mit der 9,3 x 62, 19 g TUG. Auch auf das zähe afrikanische Wild.
Nicht ein Stück habe ich im Dornenbusch verloren. So etwas prägt. Ein gewaltiges Gefühl der Sicherheit stellt sich jedes Mal dann ein, wenn ich mit dieser Waffe jage. Tolle Sache!
Natürlich nehme ich die Waffe nicht nur zur Auslandsjagd und auf Drückjagd aus dem Schrank. Wenn ich bei lieben Freunden im Harz oder Solling eingeladen bin und Rot- Muffel-, Schwarz- und Rehwild, jawohl Rehwild, auf der Einladung stehen haben, kommt die 9,3 x 62 in das Futteral. Bislang habe ich auch beim Rehwild keine negativen Erfahrungen machen müssen.
Selbstverständlich gibt es, gerade bei der Auslandsjagd viele Gegebenheiten bzw. gesetzliche Auflagen, die auf das zu bejagende Wild ein anderes Kaliber verlangen. Darauf muss man sich einstellen. Einen Kaffernbüffel mit der 7 x 57 zu befunken, kann sicherlich das ein oder andere Mal Erfolg zeigen. Unabhängig davon, dass die meisten Büffelländer 9,5 mm als Minimum vorschreiben, könnten diverse Probleme nach dem Schuss mit der 7 x 57 auftreten. Ich möchte das nicht ausprobieren. Vielleicht kann ich meine Erfahrungen dann nicht mehr unter die Menschheit bringen? Bei einem akkuraten Jagdführer ist das sicherlich eh nicht drin, mit so einem „untermassigen“ Kaliber auf Büffel zu schießen. Aber durch die Jagdpresse gehen diesbezüglich ab und zu die tollsten Geschichten. Auch in den alten Afrika-Büchern kann man die unglaublichsten Dinge lesen, was die

eingesetzten Kaliber anbetrifft. Dabei sind die wirklich dikken Pillen immer in den Händen der alten Afrikajäger zu finden gewesen.
Es sind aber, wie man nachlesen kann, auch mit der uralten 7 x 57 die unglaublichsten Sachen auf wehrhaftes Wild gelaufen. Keine Diskussion hatte ich gesagt. Es soll (muss) nun auch genug sein! Ich freue mich über jeden, der sich über „seine" Waffe freuen kann. Auch wenn sie häufig neu ist.

Jenseits des Bundesgrenzsteines

Warum in die Ferne schweifen? Das habe ich eigentlich gar nicht nötig. Der Pirschbezirk, den ich betreue, gibt mir ausreichend Gelegenheit, mich meiner Passion zu widmen.
Bin ich einmal zwei Tage nicht vor Ort, plagt mich schon das schlechte Gewissen. Nicht, dass ich dauernd durch den Busch krieche, ansitze oder anderweitig den Pirschbezirk verstänkere, aber, mal eben nachsehen muss ich schon ab und zu.
Aber! Unzählige Geschichten und Erlebnisberichte hörte ich von meinen Brüdern, die schon etliche Jahre nach Polen zur Bockjagd fahren. Doch Rehwild gibt es genug bei uns.
Seit einiger Zeit drängten auch die Freunde Günther und Kurt, doch einmal mit zur Hirschbrunft dorthin zu kommen. Ja, Hirsche!
Lange konnte ich mich nicht entschließen. Dann tat ich es. Jawohl, dieses Mal würde ich mitfahren, langsam reizte mich die Sache. Viel Überredungskunst brauchten die beiden dann nicht mehr anzuwenden. Es lief! Je kürzer der Abstand zu diesem Unternehmen, umso nervöser wurde ich. Das veranlasste unseren vierten im Bunde, Rudi, mich beim Einschießen der Büchse auf dem Schießstand zu fragen: „Na, schon zappelig, Kleener?“ Rudi ist gebürtiger Brandenburger. Ein gewaltiger Bengel. Ja, ich war zappelig!
Der Tag der Abfahrt kam. Es war ein eigenartiges Gefühl, ohne Kontrollen und Schikanen, Marienborn zu passieren. Noch eine Woche und die Bundesrepublik sollte um fünf Bundesländer reicher sein. Noch waren Hammer und Sichel gehisst. Aber niemand kontrollierte mehr. Nicht einmal unsere Waffen wollte man beim DDR-Zoll in Frankfurt/Oder sehen.
„Wird schon stimmen, wat druffsteht!“ Einziger Kommentar des noch in DDR-Uniform vor uns stehenden Beamten, als er die Waffenbesitzkarte einsah. Die Fahrt bis Frankfurt/Oder verlief zügig. Nur vor der Grenze ein wahnsinniger Stau. Soviel PKW und LKW habe ich noch nie auf einem Haufen gesehen. Aber irgendwann waren wir durch. Polen! Das erst Mal,

dass ich im Ausland jagen wollte. Jetzt freute ich mich auf die kommenden Tage. Die Beklemmung, die ich auf der Fahrt durch die ehemalige DDR empfunden hatte, verschwand.
Nun habe ich ja schon viele, nette Menschen kennen gelernt, aber das, was ich bei der Begrüßung unserer Wirtsleute in Polen erlebt habe, stellte alles in den Schatten. Günther und Kurt kannten sie vom Vorjahr. Aber Rudi und ich, wir waren eigentlich Fremde.
Regina und Roman fielen uns um den Hals, als würden wir uns schon hundert Jahre kennen und hätten uns rein zufälligerweise ein paar Tage nicht gesehen. Toll, das.
In der Veranda unseres Gastgebers und Piloten hub ein mächtiges Palaver an. Mir rauschte der Kopf beim Anblick der Geweihe, die überall im Haus hingen. Meine Güte, waren da „Kracher" dabei. Wohl nichts für meinen Geldbeutel. Umso überraschter war ich, als Roman Geweihe vorführte, die zwischen vier und sieben Kilo wogen. Das waren dolle Dinger.
So bis sieben Kilo – resümierte ich – kannst du dir ruhigen Gewissens leisten. Das tat ich auch kund. „Sieben Kilo, Heinz, das ist schon ein guter Hirsch, ein ganz guter!" bekam ich von Roman zur Antwort. Warten wir es ab.
Nach einem gewaltig reichhaltigen Mittagessen, trudelten die Jagdführer ein. Abenteuerlich sahen sie in ihren Klamotten aus. Alle sprachen mehr oder weniger deutsch. Das vereinfachte die Sache enorm. Aufgrund meines Motorsägengeschädigten Beines wurde ich Marek zugeteilt. Im Lauf des Gespräches stellte sich heraus, dass unsere Wurfdaten nicht weit auseinander lagen. Wir verstanden uns auf Anhieb. Um meinen lädierten Ständer zu schonen, sollte Marek nicht so viel pirschen mit mir, er tat es trotzdem. In der Woche unseres Aufenthaltes habe ich bestimmt die Strecke Frankfurt/Oder-Warschau und zurück zweimal runtergerissen. Gut, dass ich das zu diesem Zeitpunkt noch nicht wusste.
Abends, der erste Ansitz auf dem Jagdstuhl, war harmlos. Nur ab und zu musste ich mein Bier entsorgen, das wir uns nach der Ankunft, ausgedörrt wie wir waren, hineingestürzt hatten. Eine

abträgliche Beschäftigung bezüglich des Jagderfolges. Als es dämmerte, klappten wir unsere Stühle zusammen und pirschten an eine Kiefernecke, um Einblick auf eine neu bepflanzte riesige Fläche zu bekommen. Uns riss es zusammen! Da stand ein Hirsch. Er äugte zu uns.
„Gut Hirsch. Du schießen!" hauchte Marek. „Wie weit?" flüsterte ich zurück. „Zweihundertfünfzig". Nee, Marek, stehend freihändig auf diese Entfernung, nee.
Er muss meine Bedenken erraten haben. Der Hirsch senkte das Haupt. Marek nahm mich an die Hand. Ja, tatsächlich an die Hand! Langsam gingen wir auf den nun wieder sichernden Hirsch zu. Wahnsinn! schoss es mir durch den Kopf. Wir kamen tatsächlich noch um die hundert Meter näher zum Hirsch. Unglaublich! Vermutlich nur möglich durch die dunklen Kiefern hinter uns? Der Träger des Hirsches wurde immer länger. Marek hielt und deutete ein Kopfnicken Richtung Hirsch an. Langsam hob ich die Büchse. Mit gewaltigen Sätzen ging der Hirsch hochflüchtig ab.
Zwischen den polnischen Worten konnte ich nur ein allerorts bekanntes deutsches Schimpfwort heraushören. „Uiui, Uiui, guter Hirsch!" Marek regte sich ab. Gewaltig, was ich da eben erlebt hatte. Immer noch ganz gefangen von dem eben Gesehenen schaute ich dem Hirsch nach. Das tat ich auch noch, als er schon längst nicht mehr zu sehen war. Wäre zwar schön, aber trotzdem nicht gut gewesen, gleich am ersten Tag Erfolg zu haben. Ich war zufrieden! Auf dem Weg zu Mareks „gut Jagdauto" – ein undefinierbares Fabrikat mit Pritsche – hörte ich Gänse. Massenweise Gänse in der Luft. Am fast dunklen Himmel konnte man sie gerade noch ausmachen. Das Schreien der Gänse, das auch in den nächsten Nächten allgegenwärtig war, erzeugte eine nie erlebte, eigenartig faszinierende Stimmung in mir. Was war das für eine Jagerei! Das kannte ich bislang nur aus den Erzählungen unserer ostdeutschen Förster und Jäger, wenn diese ihre Vorkriegserlebnisse zu Buch gebracht hatten.
Begeistert erzählte ich im Kreis der Freunde und Jagdführer von meinem Erlebnis. Erfolg hatte keiner von uns an diesem

Abend gehabt, aber es war eine tolle Stimmung. Am nächsten Morgen schüttete es, was der Himmel hergab. Nichts war zu sehen, als wir dem „gut Jagdauto“ entstiegen. Absolut nichts! Es war stockfinster. Marek drückte mir das Ende seines Zielstockes in die Hand und ich wankte hinter ihm her. Wie fand der Kerl bloß den Weg? Ich konnte rein gar nichts erkennen. Es goss. Irgendwann stoppte Marek.
Wir setzten uns auf unsere Hocker. An diesem Morgen trauten sich nicht einmal die Hirsche raus. Abends vergrämte Marek den Hirsch, als er sich seinen Hocker nochmals zurechtrückte.
Was hat der Bengel geflucht. Ich musste an meinen alten Forstaufseher denken.
Nach Beendigung seiner Flucherei schaute mich Marek an. „Heinz, wir gehen zum Auto. Aber bis dahin wir gucken noch nach „Schwarz-Schweine“. Willst du schießen?“ Ich nickte, mir sollte es recht sein. „Schwarz-Schweine!“ Es wurde ein ausgedehnter Spaziergang auf die „Schwarz-Schweine“. Ich verfluchte schon mein Nicken. In dieser Nacht sah ich die „Kiehe“, Hirschmütter und -kinder, eben „Kiehe“, wie Marek verächtlich von sich gab. Fantastisch!
Dann kam die Nacht der Nächte. Der Mond war gut und es ging ein leichter Westwind.
Der Ansitz hatte nichts gebracht und meinem Freund Marek juckten nicht nur deswegen die Füße. Was sind wir gerannt. Gerannt? Die Oberschenkel taten mir weh von diesem anstrengenden Pirschen und Umschlagen von Feldern und Waldstücken, wenn irgendwo ein Hirsch meldete. Das anstrengende Stehpirschen wurde zur Qual und ich war heilfroh, wenn ich wieder einmal flott voranschreiten konnte. Ich war kaputt! Das sagte ich auch meinem Jagdführer. „Nur noch eine Ecke“ war dann stets sein Kommentar. Mir graute vor dem Rückweg zum Auto. Nach, was weiß ich, wie vielen Ecken – wir pirschten gerade auf einem in ein Feld mündenden Weg durch ein Kiefernaltholz – schrie erschreckend nah bei uns ein Hirsch.

Als hätte ihn der Blitz getroffen, stoppte Marek. Ich lief auf. Er nahm den Zeigefinger zum Mund und deutete an, auf den Hosenboden zu gehen. Halleluja, endlich sitzen!
Der Hirsch schrie wie verrückt. Es knisterte, eine gewaltige Stimmung. Jetzt konnte ich ihn, durch die Stämme der Kiefern hindurch, auf dem von Mond hell erleuchteten Feld sehen.
Weiß wie Schnee lag der stark sandhaltige Acker vor uns. Etliche Stücke Kahlwild standen um den Hirsch herum. Ich war fasziniert! „Du Hirsch schießen“ stieß er hervor. Ich wollte gerade antworten, da schrie ein zweiter Hirsch rechts von uns. Ich zuckte zusammen.

„Rivale“ hauchte Marek. Der Hirsch zur linken schrie diesen zornig an; Luft und Boden bebten förmlich. Marek nickte nach links. „Wie viel?“ flüsterte ich, um Näheres über den Hirsch zu erfahren. „Ungerade achtzehn, acht bis neun Kilo!“ Ich schluckte, der spinnt doch wohl!
Im Geiste sah ich mich schon vor den neugierig, fragenden Augen meiner Familie stehen beim dann notwendigen Aufstokken des geplanten Budgets. Nee, das musste nicht sein, das konnte und wollte ich nicht. Marek ahnte meine Bedenken wohl, er war nicht neu im Geschäft.

Allerdings, so glaube ich, hätte Marek gern gesehen, wenn ich den starken Hirsch geschossen hätte. Klar doch! „Dann schießen Rivale“ hauchte er, „guter ungerader Achter“.
Das passte! War mir auch viel lieber, klein anzufangen. Der „Rivale“ schrie den Platzhirsch an und zog von rechts kommend auf diesen zu. Der kriegt doch Senge, dachte ich noch, der Platzhirsch wird den frechen Bengel vom Acker fegen. Jetzt ging alles sehr schnell.
Im Schneidersitz, auf dem spazierstockgroßen, flach gekreuzten Zielstock angestrichen, musste ich nur noch warten, bis der Hirsch die Breite des Weges passierte. Ich hauchte nur noch: „Wie weit, Marek?“ „Hundertfünfzig“, kam es leise zurück. Der Hirsch kam im Troll, fortwährend schrie er. Mit jedem Ton, den der Hirsch von sich gab, stieß er den Atem in einer Wolke vor sich her. Ein faszinierendes Bild in dieser Mondscheinkulisse. So etwas vergisst man nicht. Als er die freie Stelle passierte, hielt ich Hochblatt an, ging mit und raus war der Schuss. Grelles Mündungsfeuer. Nach dem Schuss überall weg brechendes Wild. Auch der Hirsch war weg, und mit einem Mal war es vollkommen still. Absolute Ruhe.
Da drosch mir Marek auf die Schultern, umarmte mich, und ich musste mich energisch gegen seine Knutscherei wehren. „Hirsch kaputt!! Bumm, bumm, Hirsch so hoch springen im Schuss. Hirsch kaputt, Heinz!“ Kugelschlag hatte er wohl gehört. Nachdem ich mich von ihm befreit hatte, löste sich die gewaltige Spannung der letzten Minuten. Ich konnte es noch nicht glauben, sollte der Hirsch wirklich liegen? Immer diese verdammten Zweifel, wenn das Stück nicht im Feuer bleibt. Aber ich war mir meiner Kugel sicher. Geistesabwesend langte ich die für diese Situationen eingeplanten Flachmänner aus dem Lodenmantel, zum mindestens ich brauchte jetzt einen kräftigen Schluck. Marek hatte auch nichts dagegen einzuwenden. „Du jetzt rauchen, wir warten und dann zum Hirsch gehen.“ Ich sah ihn an. Für ihn hing der Hirsch schon am Haken. „Hirsch kaputt“ wiederholte er. Nach der Zigarre gingen wir zum Anschuss. Es waren einhundertsiebzig große Schritte. Im Licht-

schein der Taschenlampe war außer den Eingriffen nichts zu sehen. „Hirsch kaputt“. Der hat Nerven, mir wurde bammelig. Wie ein Schweißhund auf unsichtbarer Fährte ging Marek voraus. Wir verließen das Feld, durchquerten eine Birkengruppe. Plötzlich ein Geräusch. Marek stoppte und wieder lief ich auf. Wir standen wie angenagelt. Der Hirsch musste hier irgendwo sein, noch nicht verendet.
Meine Gedanken rasten. Ich nahm die Büchse in Halbanschlag. Nebeneinander pirschten wir vorsichtig weiter. Intensiver Brunftgeruch lotste uns dann die noch zwanzig Meter bis zum Hirsch. Am Ende seiner Todesflucht war er wieder zu Feld gezogen und in das Wundbett gegangen. Als wir die Birkengruppe verließen, lag er vor uns. Ich erschrak, der Hirsch hatte das Haupt nach oben und äugte uns an. Mein erregtes Ansinnen, nochmals auf den Träger zu schießen, wehrte Marek ab. „Hirsch kaputt!“ So war es auch. In diesem Moment streckte sich der Hirsch. Was für ein Bild! „Heinz, Hirsch“ sagte Marek leise.
Ich hätte fast geheult, so nahm mich das alles mit. Ich war stolz auf meinen ersten Hirsch und glücklich über das Erlebnis, das mir zuteil wurde. Dann ging es los. Marek schnappte und umklammerte mich, und es begann ein wahrer Indianertanz. „Hirsch, Hirsch!“ grölten wir abwechselnd. Ich ließ mich anstecken von seiner Freude. Seiner Knutscherei konnte ich nur Einhalt gebieten, nachdem ich den Reserveflachmann meiner Manteltasche entrissen hatte. Wir tranken auf den Hirsch, auf unser Wohl, auf die polnischen und deutschen Jäger mit Darz Bor und Weidmannsheil. Es lebe die Jagd!
Ich steckte mir eine Zigarre an und umkreiste meinen ersten Hirsch. Es war der angemeldete ungerade Achtender. Genau das Richtige für einen Anfänger in Sachen Rotwild. Wahnsinnig habe ich mich gefreut! Er hatte die Kugel Hochblatt bekommen und trotzdem noch hundert Meter Flucht gemacht. Aber es sollte noch besser kommen. Ich war zufrieden. Der Hirsch stank gewaltig. „Gut Aroma“ meinte Marek. Nun, der Hirsch lag.

Wir mussten ihn abtransportieren. Das „gut Jagdauto“ stand einige Kilometer entfernt. Marek löste das Problem. „Heinz, du hier sitzen beim Hirsch, rauchen und machen Andacht, ich laufe und hole gut Jagdauto“. Das war mir recht, so konnte ich mit mir und meinem Hirsch eine Zeitlang allein sein. Auch meinem Motorsägenbein tat das gut. Marek spurtete los. Ich lehnte mich Sitzenderweise seitwärts an meinen Hirsch, um das Haupt im Blick zu haben und ließ alles noch einmal Revue passieren. Mein Mantel stank noch wochenlang nach Brunfthirsch. Herrlich, das! Wenn ich mich bemühe und meine Nase richtig anstrenge, kann man es heute noch riechen. Glaube ich jedenfalls. Mittlerweile ist der Mantel auf Rente und hat einen Ehrenplatz unter den Textilien zweiter Garnitur. Da bleibt er auch weiterhin hängen, obwohl das gute alte Stück mittlerweile gewaltige Auflösungserscheinungen zeigt. So etwas kann man doch nicht einfach in die Altkleidersammlung packen. Wer weiß schon, wer sich das gute Stück dann umhängt? Mein Brunftmantel. Und außerdem, was sind schon zwanzig Jahre für einen sturmerprobten Lodenmantel?
Still war es ringsum, richtig still. Kein Wild war mehr zu sehen. Ich genoss die Stimmung.

Plötzliches Knacken nach einiger Zeit hinter mir ließ mich herumfahren. Mein Gott, blitzte es in mir, du bist in Polen, vielleicht haben die noch Wölfe hier. Ich spekulierte. Quatsch! „Schwarz-Schweine“ waren es. Wahrscheinlich vom Schweißgeruch angelockt. Abgebrühte Bande! Ich brachte sie auf Trab. So weit kommt es noch, dass die Sauen meinen ersten Hirsch auffressen.
Nach einer guten Stunde kam Marek zurück Von weitem schon konnte ich die Scheinwerfer des Autos, sich gespenstig durch Wald und Feld tastend, erkennen. Aus dem Wald kommend ging es quer durch Feld und Wiese. Ein geländetüchtiges Produkt, diese Eigenschöpfung.
Marek war nass und dampfte noch, als er das Auto verließ, so war er gerannt. Nun wollte ich, da die komplette Ausrüstung im Wagen lag, mein Messer holen und den Hirsch aufbrechen. Nichts! Marek ließ es nicht zu. „Zum Teufel noch mal, ich breche mein Wild selbst auf!“

„Nein“ blieb er hart, „Marek bricht auf!“ Was sollte ich machen? Soviel wie er zuließ, half ich ihm. Er grinste. Er brach das Schloss nicht auf, das war neu für mich. Er schärfte den

Pansen auf und schüttelte ihn aus. „Gut Essen, willst du mal bei mir probieren?" Dankend lehnte ich ab. Was sind wir doch verwöhnt. Nachdem der Hirsch aufgeladen war, ging es flott in Richtung Unterkunft. Eine tolle Fahrt durch die Monderhellte wunderschöne Landschaft. Unvergessene Eindrücke.
Das Knutschen und Umarmen der polnischen Freunde sowie das Händeschütteln und Schulterdreschen meiner Mitstreiter wollte kein Ende nehmen, nachdem wir mit dem Hirsch auf dem Hof angelangt waren. Alles sprudelte aus mir heraus. Es wurde eine rauschende Ballnacht auf der Veranda. Selbstverständlich übernahm ich als glücklicher Schütze, wie es sich nach der Ersterlegung eines Hirsches gehört, den Hauptrausch in dieser Nacht und lehnte kaputt und todmüde Mareks zu später Stunde vorgetragenen Vorschlag ab, eben noch mal nach den „Schwarz-Schweinen" zu sehen. Nee, das wäre zuviel des Guten.
Da die Erlegung des Achters meine finanziellen Erwägungen nur „angekratzt" hatten, ließ ich mich von Marek und meinen Freunden überreden, es noch auf einen zweiten Hirsch zu probieren. Zwei Tage später schoss Kurt einen Achter. Günther und Rudi hatten bislang kein Glück. Wir freuten uns mit Kurt. Auch in Polen sind die Hirsche nicht angebunden. Wieder ging es mit Marek auf Abendpirsch. Der Mond war nunmehr fast voll, es war tolles Licht.
Auf einer Straße zwischen zwei Dörfern stoppte Marek seine Karre auf dem Sommerweg. „Komm" forderte er mich auf. „Willst du dein Auto nicht zuschließen?" wunderte ich mich. „Klaut kein Mensch" kam es zurück. War auch so, die Karre stand nach Stunden noch unberührt auf ihrem Platz. Wir stiegen durch einen Graben und hatten Sicht auf das vor uns liegende Feld. Sauen! Jede Menge Sauen. Sie standen keine hundert Meter vor uns im Gebräch. Marek spekulierte. Aber ein passender Keiler stand nicht bei der Rotte.
Wir umschlugen die Sauen und setzten unsere Pirsch im Schatten des Waldrandes, an dem wir nun angelangt waren, fort. „Hirsch" Marek sagte es ganz leise und deutete in Richtung

Wald. Ich sah nichts. Er deutete wiederum vorsichtig nach vorn. Vorerst sah ich nur Kahlwild.
Jetzt sah ich ihn. Nur sein Haupt ragte aus dem Schatten der Randbäume hervor. Sonst nichts. Der Hirsch war kaum zu erkennen, so verschwammen seine Konturen mit dem Schlagschatten. Wir mussten näher ran. In diesem Moment sah ich keine zwanzig Meter rechts von uns das Haupt und den Träger eines in irgendeiner Zwischenfrucht ruhenden Alttieres. Es riss mich zusammen. Sofort hielt ich Marek an der Jacke fest. Fast böse sah er mich an.
Ich zeigte in die Richtung des Stückes. Er hob die Schultern. Wir durften uns auf keinen Fall rühren, geschweige denn sprechen, auch wenn der Wind gut stand. Er sah das Stück nicht. Der Hirsch zog an und stand nun im Licht. Dolle Situation. Das Alttier muss irgendetwas mitbekommen haben. Plötzlich stand es – Marek erschrak jetzt ordentlich – sicherte eine Weile und ging im Troll zu dem restlichen Kahlwild. Dort verhoffte es allerdings nicht und nahm das ganze Rudel mit, inklusive Hirsch. „Hab ich nicht gesehen“, entschuldigte sich Marek. Was soll's? Auf ein Neues!
Und wieder waren Gänse in der Luft. Ihr Geschrei nahm kein Ende. Die ganze Nacht nicht. Das weiß ich genau, denn wir waren bis morgens unterwegs. So eine Nacht kann man doch nicht sausen lassen. Nur Proviant fassten wir zwischenzeitlich. Gegen Morgen kamen wir an die Fläche, an der ich am ersten Abend den Hirsch gesehen hatte. Wieder dieses oberschenkelstrapazierende Pirschen. Ich weiß nicht, wie viel Kilometer wir in dieser Nacht gemacht haben. Fertig, fix und fertig war ich. „Noch eine Ecke“. Ich konnte es nicht mehr hören. Da meldete ein Hirsch ganz nahe. Weit konnte er nicht sein.
Wir umschlugen nunmehr kräftig ausholend, aber leise, eine riesige Kieferndickung. Das war schon besser. Endlich kamen wir an die große Fläche. Dort stand der Hirsch und schrie. Leider war er durch Kiefern verdeckt. Wir standen genau auf einem Weg und Marek signalisierte, in Bodenstation zu gehen. War das eine Wohltat nach der Plackerei. Marek behielt den

Hirsch im Auge. Mit einem Mal klappte er den Zielstock auseinander und zog mich am Ärmel in dessen Richtung. Nun ging es los. Ich legte die Büchse in die Schere und suchte mit dem Glas den Hirsch. Da stand er. Spitz von vorn. Das war nicht gut. Marek hob und senkte die Hand.

Warten! Ich musste während der nervenaufreibenden Warterei Knieenderweise mein lädiertes Bein belasten. Der Knochen fing an, gewaltig zu zittern. Das konnte er nicht ab. Ich riss mich zusammen. Bald war alles an mir am Schlackern, ein Krampf drohte. Ein Stellungswechsel war nicht mehr drin, der Hirsch zog näher. Marek schnaufte. Ich traute mich nicht. Endlich! Der Hirsch stand breit und raus war die Kugel. Tja, draußen war sie. Trotz der Krise meinte ich, gut abgekommen zu sein. Meinte ich. Aber dann! Ich dachte, der arme Marek flippt aus. „Daneben, daneben, wie kannst du auf die paar Meter vorbeischießen?" Ich war fertig.

Verfluchter Knochen. Marek brauchte zehn Minuten, bis er sich beruhigt hatte. Das mit dem Bein ließ er nicht gelten. Marek, alter Junge, es war aber so. Den Hirsch hatte ich glatt vorbeigefunkt, das ergab die Anschusskontrolle bei Tageslicht. Schicksal? Schweigend fuhren wir nach Haus. Es war hell geworden. Mir reichte es erst einmal. Jedoch Steigerungen positiv wie negativ sind immer wieder möglich. Die Krönung kam noch. Und zwar in Gestalt einer Rotte Sauen. Diese sah ich zwischen zwei Dörfern im Altholz nach Fraß brechen.

Müde sagte ich zu meinem Fahrer: „Marek, Schwarz-Schweine". Das hätte ich lieber lassen sollen. Er ging in die Eisen, dass ich glaubte, die ganze Karre würde sich umgehend in ihre Einzelteile zerlegen. „Wo? Wo?" brüllte er, als die Rostlaube stand. Ich zeigte nach rechts.

„Schießen, schießen, schnell, viel Fleisch!" deutete er ein wildes Gabeln an. Ich war total verwirrt. So kannte ich Marek ja noch gar nicht. Raus aus der Karre, durchgeladen, einmal Rumms! und noch mal Rumms auf die mittlerweile flüchtige Rotte, und ich hatte den polnischen Waldboden ein wenig aufgelockert. Jetzt rastete mein lieber Marek aus.

„Mensch, erst den Hirsch, na gut, jetzt die Schweine, was machst du, was machst du, soviel Fleisch!“ Der Rest war auf Polnisch. Viel Gutes war für mich mit Sicherheit nicht dabei.
Wir schaukelten nach Haus. Deprimiert und todmüde fiel ich nach dem Frühstück in die Federn und hatte nicht einmal Lust, zum Mittagessen aufzustehen. Nur Reginas energisches Bitten brachte mich an den Tisch. Hunger hatte ich nicht.
Zwei Tage später, einen Tag vor unserer Abfahrt klappte es wieder besser.
Günther und Rudi hatten leider immer noch keinen Hirsch. Das stimmte mich traurig.
Aber die allgemeine Stimmung unter uns hätte nicht besser sein können. Womit bewiesen wäre, dass Jäger nicht nur zu genießen sind, wenn sie ordentlich was im Rucksack nach Hause bringen. Da ich, gerade was Jagd anbetrifft, bei solchen Gemeinschaftsaktionen sehr vorsichtig bin, haben diese gemeinsamen Tage mit meinen Freunden für immer bleibende positive Eindrücke hinterlassen.
Bei nun schon abnehmendem Mond pirschten wir morgens scheinbar kreuz und quer durch Wald und Heide. Marek wollte mich unbedingt noch an einen Hirsch bringen. Wir landeten an der Fläche meiner unrühmlichen Tat vom vorgestrigen Tag. Schlagartig fing mein Magen an zu kollern. Wenn das man gut geht. Aufgrund der Windverhältnisse hatten wir uns – Gott sei Dank – gegenüber unseres letzten Standortes auf unsere Stühle gesetzt. Das gab auch räumlich Abstand zum Ort der verpatzten Gelegenheit. Marek stand des Öfteren vorsichtig auf, um die Fläche mit dem Glas abzusuchen. Mit einem Mal griff er an meine Schulter. Ich zuckte zusammen. „Hirsch“, flüsterte er.
Langsam stand ich auf. Ja, da waren einige Stücke Kahlwild und da – ganz rechts – stand auch der Hirsch. „400 Meter, warten“ Marek hockte sich auf seinen Schemel und bedeutete mir, desgleichen zu tun. Er schaukelte sich in seinen Parka und bald war ein leises Pfeifen zu hören. Kaputt ist er, genauso kaputt wie du auch, ging es mir durch den Kopf. Die Tage

hatten ganz schön geschlaucht. Ich bin dann ebenfalls eingedrömmelt. War gar nicht schwer. Aus diesem Halbschlaf wurde ich unsanft geweckt.
Ganz kurz stieß ein Hirsch an, sehr nah. Marek stand wie eine Eins! Ich wollte hoch. Er drückte mich mit der linken Hand in meinen Hocker zurück. Fast hätte ich losgebrüllt, soviel Kraft presste er auf meine Schulter. Jetzt sah ich den Hirsch. Ein gewaltiges Bild! Er stand spitz zu uns und äugte in unsere Richtung. Das Geweih hob sich gegen den heller werdenden Morgenhimmel ganz deutlich ab. Keiner bewegte sich. Der Hirsch nicht und wir schon gar nicht. Das waren Sekunden. Keine sechzig, siebzig Meter verhoffte der Hirsch wie eine Statue. Der Wind stand auf uns zu, Brunftgeruch zog in die Nase. Ich traute mich, kaum zu atmen.
Mareks Hand löste sich, sie winkte nun langsam nach oben. In meinem ganzen Leben bin ich noch nie so langsam in Grundstellung gegangen. Der Hirsch hatte sich quergestellt, stand aber hinter einer Kiefer und fing an, diese zu bearbeiten. Büchse an den Kopf. Marek tippte auf seine linke Schulter. Auflegen? Das ist gut gemeint, aber nicht nötig, dachte ich noch. Aber er tippte nachhaltig auf die Schulter. Meinetwegen, aber freu dich auf den Rumser der 9,3. Ich warne dich mein Lieber! Jetzt war ich im Anschlag. Der Hirsch zog vor und stand frei. Röhrend verließ die Kugel den Lauf. Ich sah nichts mehr, das Mündungsfeuer war trotz des schon guten Büchsenlichtes gewaltig. Marek hörte scheinbar nichts mehr. Ich hatte ihn gewarnt, wenn auch nur stumm. „Ujui, ujui, ujui!“ Er schlug mit der flachen Hand immer wieder auf sein Ohr und führte einen mächtigen Veitstanz auf. „Ah, jetzt geht es wieder!“ grölte er und blieb stehen. Aber nicht lange. „Hirsch kaputt, Hirsch kaputt!“ sprach er und fing wieder an zu hüpfen. „Bumm, bumm!“ Sie wissen schon. Nun sprang ich mit, ich hatte keinen Anlass, ihm nicht zu glauben. Als wir uns beruhigt hatten, wollte ich meine Zigarren aus der Tasche ziehen.
Keine da!! Ich hatte vergessen, sie einzupacken, ebenso den Erlegungs-Flachmann. Das ging nicht, nicht in dieser Situati-

on! Marek verstand die Lage. Ich schlug ihm vor, nach Haus zu fahren, zu frühstücken, die notwendigen Drogen aufzufüllen und anschließend den Hirsch zu suchen. Er lag ja hoffentlich!? Er war sofort einverstanden. Auf dem Weg zum Auto sang er leise ein Lied, es war ein lustiges Lied. Schade, dass ich es nicht verstanden habe.

Mareks Freude wirkte ansteckend und ich schwebte hinter ihm her. Mein zweiter Hirsch, das durfte doch nicht wahr sein. So ein Saudusel!

Als wir in der Veranda die Frühstücksreste unserer Freunde vertilgten, kam Roman leise durch die Tür. Er blinzelte. „Hast du Weidmannsheil gehabt?“ Gerade wollte ich ein halbes „Ja“ von mir geben, da legte Marek los. Auf Polnisch natürlich. Nach einer Viertelstunde Palaver, Roman grinste mich immer wieder an, klopfte er mir auf die Knie: „Der Hirsch liegt, ich ziehe mich an und komme mit.“ Die Jungens haben Optimismus. An der Fläche angekommen, war es heller Tag. Wir untersuchten den Anschuss und fanden ein fingernagelgroßes Stück Lunge. „Er liegt!“ Roman nickte. „Du hast ihn wahrscheinlich wieder Hochblatt erwischt, da schweißt er nicht unbedingt sofort so stark, dass man gleich Schweiß in der Fährte hat.“ Ja, ich war Hochblatt drauf. Das Stück Lunge war das einzige an Pirschzeichen, was wir da dann tatsächlich finden konnten. Nicht viel. „Ah, ich bin ein guter Schweißhund“ grinste Roman.

Im Schuss war der Hirsch in rechter Richtung – von unserem Stand aus gesehen – abgesprungen. Das hatte Marek deutlich mitbekommen. Unsere Kreise wurden immer größer. Langsam wurde ich unsicher. Der Hirsch muss doch zu sehen sein auf dieser Fläche. Die jungen Kiefern waren vielleicht einen halben Meter hoch. Das gibt es doch gar nicht!

Marek suchte rechts von mir, den Schädel tief auf dem Boden. Wir waren mittlerweile 250 Meter vom Anschuss entfernt, in Richtung auf eine an diese Fläche anschließende stubenhohe Kieferndickung zugegangen. Ich richtete mich auf und sah nach Roman. Er stand knappe hundert Meter halblinks vor mir und hatte die Fäuste in die Hüften gestemmt.

Vor ihm war die gut stubenhohe Kieferndickung. Er sah mich an und... „Hirsch, Hirsch, hier liegt der Hirsch!“ rief er. Ich nahm die Büchse an den langen Arm und kam, gefolgt von Marek, bei Roman an. Da lag der Hirsch. Nach drei Metern in den höheren Kiefern war er zusammengebrochen und lag lang ausgestreckt im Gras. Bevor ich mich versehen hatte, meine Büchse konnte ich gerade noch zu Boden legen, fielen die beiden über mich her. Sie drückten und drehten mich, immer abwechselnd bemüht, meinen Schädel zu erwischen, um mir einen an den Hals zu drükken. Sie rollten mich durch die Heide, dass mir schwindelig wurde. Wehren Sie sich mal gegen zwei muntere polnische Jägersleute. Zum Schluss tanzten wir alle. Saugut! Polnisches Temperament! Alle Achtung!

Ein ungerader Zwölfer lag vor mir. Allerdings dünnstangig, wohl vom 5. Kopf und somit „Selektion“. Ein Ende war abgebrochen. 300 Meter Flucht. Die Kugel saß Hochblatt, wie von Roman vermutet. Unglaublich. „Brunfthirsch“, Romans einziger Kommentar.

Aufbrechen durfte ich nicht. Marek wurde wiederum ganz fuchtig bei meinem Ansinnen. Nach der Arbeit zogen wir den Hirsch auf das „gut Jagdauto“ und fuhren nach Haus.

Regina fiel mir um den Hals. Genehmigt!

Nach und nach kamen auch die Freunde von der Morgenpirsch zurück. War das ein Hallo!

Frühstück und Frühschoppen haben wir an diesem Morgen in Union gemacht.

Ich war in Hochform, langsam legte sich nun auch meine Aufregung, die der ganze Morgen mit sich gebracht hatte. Ich schlief dann bis zum Nachmittag. Marek war traurig, als ich ihm sagte, dass die Jagd für mich zu Ende sei. Sollte ich all das, was ich in den letzten Tagen an Schönem erlebt hatte, durch einen durch das Feiern bedingten zweifelhaften Ansitz versauen?!

Niemals! Alkohol an der Waffe ist nicht drin!

Auch am letzten Morgen ging ich nicht mehr raus. Marek und ich wurden uns einig.

Die Freunde waren noch draußen. Ich packte gemütlich meine Utensilien zusammen und hatte dabei Gelegenheit, mich in Tagträumen bezüglich der vergangenen Erlebnisse zu ergehen.
Beim gestrigen Frühschoppen hatte ich Marek meine Thermoweste geschenkt. Es war mir einfach ein Bedürfnis, das zu tun. Ich wollte seinen Einsatz auch dadurch noch einmal belohnen. Die Weste stank mächtig nach Brunfthirsch, als Marek sich im Kreise drehte, um uns den korrekten Sitz derselben zu demonstrieren. Bei der Abfahrt schenkte er mir einen präparierten Fasan. „Sein erster" merkte Roman an. Ich kam mir blöde vor. Aber der Kerl strahlte dabei über das ganze Gesicht. Das war schön. Ein feiner Kerl der Marek! Vielleicht sehe ich ihn ja eines Tages wieder!?
Buchstäblich in der letzten Sekunde schoss Rudi einen Hirsch. Er hatte bis zum Schluss nicht verzagt. Ein starkstangiger, älterer Achter lag im Wagen, als er mit seinem Führer auf den Hof fuhr. Zwei Stunden vor der geplanten Abfahrt. Er machte ein Gesicht, wie eine Ente, die ins Gewitter schaut, so kaputt war er. Ich klopfte ihn wieder wach. Nun grinste er wie ein Honigkuchenpferd und spulte das ganze Geschehen runter. An dem dann folgenden Frühschoppen mit all unseren polnischen Freunden nahm ich nur als „Beobachter" teil.
Ich habe den Schoppen zu Haus nachgeholt, aber einer musste ja fahren.
Mein erster Eindruck bezüglich ferner Jagdgründe wird mir stets in guter Erinnerung bleiben.
Nicht zuletzt deswegen, weil ich mich bei den Polen sauwohl gefühlt und sie als gute Jäger und sehr gastfreundliche Menschen kennen lernen durfte. Darz Bor!

Hej, Tysker!

„Wie ist es, ich fahre im Herbst nach Schweden, willst du mitkommen?“ Mein jagdlicher Mitstreiter, der Jäger mit dem sagenhaften Anlauf, stellte die Frage zum zigsten Mal. Schweden!? Bin ich noch nie gewesen. Er erzählte so begeistert von den Elchjagden und drängte auf Antwort. Die Angelegenheit wurde im Familienrat besprochen, und ich sagte zu, im Herbst mitzufahren. „Die Schweden jagen des Fleisches wegen, die Trophäen interessieren sie kaum, du wirst schon sehen.“ Oft unterhielten wir uns in den Wochen vor der Reise. Emil hatte über einen Freund einen Zahnarzt in Schweden kennen gelernt. Vor vielen Jahren hat dieser der deutschen Heimat ade gesagt und lebte seither mit seiner schwedischen Frau in einer schicken Kleinstadt in der Nähe von Huskvarna. Gleich hinter Helsingborg sah ich die ersten Elche. Auf Verkehrsschildern! „Die werden von den ausländischen Elchjägern massenhaft geklaut“, erklärte Rolf, Emils Freund. Rolf wollte nicht jagen, er hatte geschäftlich in Schweden zu tun und kutschierte uns bis zum Wohnort des Zahnarztes. Wolfgang, der Zahnarzt, unser Gastgeber, stammt aus dem gleichen niedersächsischen Ort wie Rolf. Sie sind alte Freunde. Die Freude unseres Gastgeberehepaares war groß, als wir bei ihnen eintrafen.
Beim Essen erklärte uns Wolfgang den Ablauf der kommenden Woche. „Wir jagen die ersten drei Tage gemeinsam mit den Bauern, danach gehen wir in unser kleineres Revier!“
Diese große Jagd, an der wir in den ersten drei Tagen teilnehmen sollten, wurde von allen Bauern der Umgebung gemeinsam durchgeführt. Die Schweden versprechen sich dadurch größere Chancen, ihren Abschuss zu erfüllen. „Morgen geht dic Elchjagd in unserem Landesteil auf, da ist halb Schweden unterwegs. In der großen Jagd müssen ungefähr 60 Stück Elchwild geschossen werden. Nun seht zu, dass ihr in die Falle kommt. Morgen früh um sechs Uhr hole ich euch ab.“ Wolfgang und seine Frau verabschiedeten uns.

Wir quartierten uns in einem tollen, kleinen Hotel ein. Bald lagen wir in den Federn, denn die Fahrerei hatte ordentlich geschlaucht. 60 Elche! Das konnte ich mir nicht vorstellen!
Pünktlich zur angesagten Zeit wurden wir von Wolfgang abgeholt. „Hast du rote Klamotten?" fragte mich Wolfgang bei der Begrüßung. Eine rote Truckermütze hatte ich mir vor der Reise besorgt, aber rote Klamotten. „Du kannst meine rote Weste haben, das ist bei uns Vorschrift!"
Wir fuhren los. „Die eine Hälfte der Schützen muss immer mit treiben, das wird ausgelost und wechselt von Treiben zu Treiben" erklärte unser Fahrer. Nach kurzer Fahrt stiegen wir am Sammelplatz aus. Wir waren die ersten. „Die haben die Ruhe weg", bemerkte Wolfgang.
Das konnte ich noch des Öfteren in dieser Woche feststellen. Den Schweden haftet eine beneidenswerte Ruhe in ihren Aktivitäten an. Allmählich kamen immer mehr Autos.
Alle hatten irgendein rotes Bekleidungsstück an. Toller Anblick, wenn auch ungewohnt für deutsche Augen. Die Sache mit den Autos nahm kein Ende. „Wie viel Jäger kommen denn noch?" fragte ich Wolfgang. „So um die siebzig werden es wohl werden" meinte er trocken.
Meine Herren! „Die Fläche, die wir bejagen, beläuft sich auf ungefähr 12.000 ha, da brauchst du schon ein paar Leute", fügte er hinzu. 12.000 ha? Das gibt es doch nicht!
Alles lief bunt durcheinander: Jäger, Treiber und Hunde. Es wurde erzählt, erzählt und nochmals erzählt. Wolfgang hatte uns bei dem zuständigen Jagdleiter vorgestellt. Man nahm Maß. „Ihr beide jagt auf meine Anteile an dieser großen Jagd, wenn ich keine Schützen stelle, muss ich Strafe bezahlen" erwähnte Wolfgang. Andere Länder, andere Sitten.
Das Palaver wollte kein Ende nehmen, wahrscheinlich sahen sich die Bauern nur einmal im Jahr. Einige fingen sogar an zu essen. Was sollte das denn? Vor der Jagd schon essen?
„Es dauert noch eine Weile, wir essen auch erst einmal was, nachher kommen wir so schnell nicht mehr dazu". Wolfgang packte die Brote aus, die er für uns mitgebracht hatte.

„Pass auf", sagte Emil noch, aber da hatte ich die Kniffte schon im Kopf, „zwischen den Brotscheiben liegt Papier". Das hatte ich mittlerweile gemerkt. Langsam zog ich es mir durch die Zähne. „Ist doch viel appetitlicher, oder?" Wolfgang grinste. Es tat sich nichts!
Kauenderweise betrachtete ich mir diesen bunten Pulk. Wenn die nicht bald anfangen, ging es mir durch den Kopf, können sie mit dem Mittagessen weitermachen. Was sind wir doch für Hektiker. Das kommt davon, wenn man straff organisierte Jagdabläufe gewohnt ist.
Aber dann ging es los. Der Jagdleiter stellte sich auf eine Mauer und erklärte den Ablauf des Tages. Wolfgang übersetzte. Demnach durften an diesem Tage nur Bullen und von zwei vorhandenen Kälbern eins geschossen werden. Der Rest war tabu! Wir stellten uns in langer Reihe auf und jeder zweite Schütze musste mit zu den Treibern. Ich wurde Treiber.
Das erste, riesige Treiben brachte keinen Erfolg. Das konnte die Schweden gar nicht erschüttern. In aller Seelenruhe packten sie zum zweiten Mal ihre Bemmen aus und aßen.
Auch nicht schlecht. Bei der Treiberei durch anmoorige Flächen, die mit unzähligen Steinen übersät waren und einem bei jedem Schritt bis zum Stiefelrand absacken ließ, war ich mächtig in Dampf gekommen. Eine beeindruckende Landschaft. Elchlosung hatte ich gesehen, gewaltige Dinger. Nach der Pause war ich bei den Jägern. Gleich hinter einem Haus bekam ich neben einem riesigen Granitblock meinen Stand zugewiesen. Wolfgang erklärte mir den Ablauf des Treibens und wünschte mir Weidmannsheil. Hier kommen doch keine Elche!? Fünfzig Meter neben dem Bauernhof. Ich war skeptisch.
Erst mal die Pfeife in Gang, dann das Pferd aus dem Graben, sagten die Artilleristen früher. Ich zog also das imaginäre Pferd aus dem ebenfalls imaginären Graben und qualmte mir eine reale Portion Pfeifentabak an. Nachdem der Nasenofen unter Dampf stand, hockte ich mich auf mein Dreibein. 100 Meter vor mir, an das Feld anschließend, befand sich ein mittelalter Kiefernbestand, links von mir verlief der Acker in eine Moor-

fläche, die ich ungefähr fünfhundert Meter bis zum Bestandsrand einsehen konnte. Prima Platz, gutes Schussfeld! Ich machte es mir auf meinem Stuhl bequem.
Das konnte noch dauern, von dem „Heja, heja“ der Treiber war noch nichts zu hören.

Jetzt fiel ein Schuss. Aha! Es tut sich was. Die Treiber kamen näher und waren nach einiger Zeit auf meiner Höhe. Ein paar Mal hatte es schon geknallt. Jedoch, es war nichts zu sehen.
Die Treiber hatten meine Höhe schon eine ganze Weile passiert, als ich es deutlich in den vor mir liegenden Kiefern knakken hörte. Das hatte ich gerade registriert, als etwas Großes, Dunkles mit einem mächtigen Satz auf das Feld sprang. Ein Elch! Mir blieb die Luft weg!
War das ein Klotz! Leider war es ein weibliches Stück, ein Kviga, wie man hier zum Schmaltier sagt, und somit tabu für mich. Spitz zog das Stück in gewaltigen, und doch langsam, schwebend wirkenden Sätzen auf mich zu. Der rennt dich um! schoss es mir durch den Kopf. Ruck, zuck, stand ich auf. Das bekam der Kviga mit. Das Stück drehte nach rechts ab und in

der faszinierend wirkenden Gangart der Elche passierte es die ganze Schützenlinie links von mir. Mit weit aufgerissenem Mund verfolgte ich dieses Bild, bis der Kviga außer Sicht war. Das war doch mal was! So ein Riesenvieh. „Mach den Mund wieder zu“ grinste Wolfgang, als er bei mir ankam, „das war noch ein Kleiner.“ Aha, ein Kleiner? Das gibt es nicht! Ganz aufgewühlt gab ich beim Zusammentreffen Emil Bericht. Auch er grinste.

Zwei Stücke, glaube ich, lagen an diesem ersten Tag auf der Strecke. Gesehen habe ich sie nicht.

Am kommenden Tag das gleiche Ritual vor der Jagd. Die Jungens haben die Ruhe weg, ohne Zweifel. Im ersten Treiben des Tages befand ich mich wieder unter den Treibern.

Zum darauf folgenden Treiben mussten wir eine kurze Strecke mit dem Auto fahren. Ich wurde von einem liebenswürdigen, älteren Jäger auf einen „Turm“ geschickt. Eine ungefähr nur zwei Meter hohe, offene Minikanzel. Eine symphatische Höhe. Die Treiber waren noch sehr weit von unserer Schützenlinie entfernt, als ein großer Vogel an meinem Stand vorbei strich. Ein Auerhahn! Niemals zuvor hatte ich dieses große Rauhfußhuhn in freier Wildbahn gesehen. Ein fantastischer Anblick, dieser mächtige Vogel. Der Auerhahn war gerade meinen Blikken entschwunden, als rechts von mir ein lautes Knacken meine Aufmerksamkeit forderte.

Eine Elchkuh, leider mit einem Einzelkalb, passierte auf 50 Meter meinen „Turm.“

Scheibenbreit! Aber tabu! Ab heute waren zusätzlich Einzel gehende weibliche Stücke freigegeben. Kuh und Einzelkalb sollten geschont werden. Die Kolosse patschten durch das Moorwasser, dass es nur so spritzte. Die schwebend-raumgreifende Gangart der Stücke boten ein sagenhaftes Bild. Auch im nächsten Treiben war ich bei den Schützen. Wolfgang hatte mit mir getauscht. Ist er nicht ein ganz Netter?! Ich bekam einen Platz auf einem riesigen Granitblock mit einer hervorragenden Rundumsicht. Ein toller Platz. Allerdings 100 Meter zu meiner Linken verlief eine öffentliche Straße. Also aufpassen,

befahl ich mir. Hinter dieser Straße, direkt an einem Bauernhof, stand ein wahrer Wikinger von Schwede. Ein gewaltiger Bengel mit wallender Mähne. Ihm fehlte tatsächlich nur der Helm mit den Hörnern.
Zu meiner Rechten saß auf einem Turm ein junger schwedischer Jäger mit seiner Frau. Die beiden saßen gerade, winkten mir zu und fingen an zu essen. Toll! Logisch, oder?
Von sehr weit her fiel ein Schuss, von den Treibern war noch nichts zu hören. Es war ruhig ringsum, sehr ruhig. Ich sah nach links, der Wikinger hockte zusammengesunken auf seinem Schemel. Ob die beiden wohl mit ihrer Vesper fertig sind? Ich schaute nach rechts. Was kommt denn nun, versuchte ich zu ergründen. Die junge Frau kletterte vom „Turm", ging einige Meter abseits und... das durfte doch nicht wahr sein – ein paar schnelle Handgriffe und Madam nässte neben den Stand. Also, so was! Die hat vielleicht Nerven.
Mittlerweile hatte es gar nicht weit weg schon ein paar Mal geknallt. Auch das konnte die Dame nicht erschüttern. Nachdem die Kleiderordnung wieder hergestellt war, winkte sie mir freundlich zu und strahlte über das ganze Gesicht. Auf dem „Turm" angekommen, winkte sie nunmehr gemeinsam mit ihrem Mann und rief mir lachenderweise etwas auf schwedisch zu.
Leider verstehe ich kein schwedisch. Ich muss wohl blöde ausgesehen haben, hob aber meine rechte Hand und grüßte zurück. Na, denn man tau, wenn das man gut geht? Bei diesen Aerobicübungen kommt bestimmt kein Wild! Kam doch! Als erstes ein Birkhahn. Ganz dicht neben meinem Stein strich er vorbei. Kurz darauf ein Schneehase. Er sieht ganz anders aus, als unsere Mümmelmänner. Im Sommerbalg ist er auf dem Moorboden kaum auszumachen.
Herrlich, dass ich das alles in Anblick bekam. Die Treiber rückten näher. Eine fantastische Atmosphäre entstand nunmehr durch die „Heja"-Rufe der Treiber sowie vereinzelter Schüsse zu meiner Rechten. Zur Sache! Die Winkerei mit meinen rechten Nachbarn hatte mich ein wenig abgelenkt. Aus diesem Grund

sah ich auch erst jetzt, als ich die Augen nach vorne nahm, dass keine hundert Meter vor mir – ungefähr noch zwanzig Schritt im Kiefernaltholz – ein Elch stand. Ja, ein Elch!
Heiß und kalt ging es rauf und runter bei mir. Das Stück stand wie eine Statue und sicherte in meine Richtung. Kein Haar rührte sich, nur die gewaltigen Lauscher waren in Bewegung. Ich hatte absolut nichts vom Anwechseln des Stückes mitbekommen. Das kommt davon, wenn man unachtsam wird. Ein weibliches Stück. Allein.

Ein Kviga. Irgendwie stand das sofort fest für mich. Aber das Stück war durch Stämme teilweise verdeckt und machte keine Anstalten, seinen Standort zu verlassen. Da schießt du nicht hin, es muss erst freistehen, sonst patzt du, schoss es mir durch den Schädel.
Der Lärm der Treiber kam näher. Heja, Heja. Mit einem Mal zog der Kviga an und war innerhalb von Sekunden meiner Sicht – nach links trollend – entschwunden. Dort befand sich eine mächtige Hecke. Auf und neben einer zusammengetragenen Steinreihe war sie auf ungefähr fünf Meter Höhe angewachsen. Aus! Weg ist das Stück! Das war deine Chance!

Ich hörte nunmehr das Stück – unsichtbar für mich – in Richtung des Wikingers abspringen. Wild mit den Armen fuchtelnd gab ich ihm Signale. Ruhig stand er auf, gab Verstandszeichen und ging in Halbanschlag. So stand er zehn Minuten. Nichts tat sich. Wo war das Stück geblieben? Er hob die Arme und setzte sich wieder. Die Treiber waren mittlerweile nur noch 200 Meter von der Schützenlinie entfernt. Urplötzlich ging es nun los!
Mit mächtigem Krach bog der Kviga um die Hecke und verhoffte wohl 60 Meter, spitz zu mir, vor meinem Granitblock. Die Büchse flog zum Kopf und raus war der Schuss auf den Stich des Stückes. Repetieren! Der Kviga brach in den Vorderläufen ein, nahm sich wieder auf und ging nach unsicheren Fluchten genau unter meinem Granitblock zu Boden. Das Haupt oben. Sollst du noch mal schießen, die 9,3 spitz auf den Stich muss doch reichen?
Meine Gedanken rasten. In diesem Augenblick kam der Kviga auf die Läufe und ging schwerkrank ab. Das gibt es doch nicht. Spitz von hinten setzte ich ihm die zweite Kugel hinter das Blatt. Wie vom Blitz erschlagen, brach das Stück nun endgültig zusammen. Aus! Der Kviga lag.
Jetzt fing ich derbe an zu schlottern. Du hast tatsächlich ein Stück Elchwild geschossen.
Meine Gefühle in diesem Moment bekam ich nicht auf Reihe. Ich war kaum in der Lage, meine Waffe zu entladen, so habe ich gezittert. Jetzt waren die Treiber da, allen voran Arne, der Obertreiber, mit seinem Funksprechgerät. „Tysker, what's the matter?" Mit meinem, nur noch spärlich vorhandenen Schulenglisch brabbelte ich drauflos. Er strahlte über das ganze Gesicht und drosch auf meinen Schultern herum. „Good hunting, good hunting, it's a Kviga! No problem!" Er lachte. Die Schweden ließen mir ausreichend Zeit, mich mit meinem ersten Stück Elchwild zu befassen. Zu schnell war alles gegangen, sodass ich erst jetzt klare Gedanken fassen konnte. Staunend und noch völlig ergriffen von dem eben Geschehenen stand ich vor diesem gewaltigen Stück Wild. Ich freute

mich darüber. Aber ich konnte es nicht zeigen. Walter Frevert hat einmal geschrieben, bei seinem ersten Elch hätte er das Gefühl gehabt, es läge da ein Pferd vor ihm auf der Strecke. Es sind gewaltige Tiere. Aber es ist jagdbares Wild und zum mindesten in Schweden braucht man sich über Wenn und Aber bezüglich der Elchbejagung noch keine Gedanken machen.
Arne hatte per Funk den Abschuss durchgegeben. Nun sah er mich an: „Tysker, Zack!“ Er deutete mit der rechten Hand das Aufschärfen der Bauchdecke des Stückes an.
Dann man los, dachte ich mir, wird schon klappen. Haben Sie schon einmal ein Pferd aufgebrochen? Vermutlich nicht. Ich auch nicht. Zumindest, was das Aufbrechen anbetrifft, liegt Walter Frevert richtig. Sind das Dimensionen! Nun habe ich ja schon allerhand Schalenwild aufgebrochen, aber was da auf mich zukam, war Schwerstarbeit. Vier, fünf Treiber rollten das Stück auf den Rücken und hielten die Vorderläufe hoch. So ging es besser.
Ich schärfte den Träger auf, um an Drossel und Schlund zu gelangen. Das wurde staunend zur Kenntnis genommen, aber

akzeptiert. Nachdem ich die Bauchdecke aufgeschärft hatte, griff ich in die Vollen. Meine Güte, war das eine Unmenge an Gescheide. Mit aller Kraft musste ich es herausziehen und neben das Stück legen. Was heißt legen, ziehen wäre wohl der bessere Ausdruck? Um an das Geräusch zu kommen, bedurfte es eines chirurgischen Blindfluges mit dem Messer. Aber auch das klappte. Fasziniert war ich von der Größe der Leber. Nicht jeder von uns hat die passende Pfanne dafür. Alles in allem war ich doch recht schnell fertig.
Arne klopfte mir auf die Schulter und meinte: „Good work, Tysker! Good work!" Ich freute mich über die Worte. Von oben bis unten voll Schweiß wurde ich nun von den ankommenden Schweden in die Mitte genommen. Viel konnte ich nicht von dem verstehen, was sie mir freundlich lächelnd, Schulterklopfenderweise, erzählten. Am ärgsten drosch der Wikinger auf mich ein. Das war echte Freude, die meine Mitjäger zeigten. Nette Menschen!
Und hier, akkurat in dieser Runde, bekam ich den einzigen Schnaps während der ganzen Woche zu sehen. Einer der Jäger hielt mir eine Flasche Wodka entgegen. Das passte! Einen gewaltigen Hieb habe ich der Buddel ankommen lassen. Beifall!
Wolfgang und Emil, die ich erst später am Sammelplatz traf, waren Happy. Beide freuten sich riesig, dass es bei mir geklappt hatte. „Da ist der Mensch das erste Mal in Schweden und schießt am zweiten Tag ein Stück Elchwild!" Wolfgang lächelte und schüttelte immer wieder mit dem Kopf. „Das gibt es gar nicht!" Das gibt es. Anfängerglück!
Aufgrund der enormen Alkoholpreise in Schweden beließ ich es am Abend mit einer Runde Bier. So etwas kann man ja im heimatlichen Stall nachholen. Haben wir auch, den Dimensionen des Elches entsprechend. Bis heute bin ich sauer, dass ich an diesem Tag meine Kamera nicht dabei hatte.
Tagsdrauf war der Kviga schon in kühltruhengerechte Stükke zerlegt. Schade, aber was Fleisch anbetrifft, da sind die Schweden fix.

Die nächsten Tage brachten uns zwar noch Anblick und faszinierendes Erleben in schwedischer Natur, leider aber keinen Erfolg mehr. Es waren herrliche Jagdtage in Schweden, in diesem wunderschönen ruhigen Land. Die Faszination dieser Landschaft mit ihren dunklen Nadelwäldern, den hellen Birken mittendrin und den vielen Seen hat einen starken Eindruck bei mir hinterlassen. Auffallend, zumindest in dieser Gegend, die doch relativ wenigen Autos, die man zu sehen bekommt. Es leben halt nicht so viel Menschen dort.
Aber ein Land, in dem die Menschen noch viel Zeit füreinander haben.

Im Stau – auf dem Weg nach Afrika

Das stimmt natürlich nur indirekt. Aber letztendlich wollten meine Frau und ich uns während unserer Planungen für unsere Namibia-Reise mit den von uns favorisierten Farmersleuten treffen. Und um das zu bewerkstelligen, mussten wir uns auf die Autobahn begeben. Bekanntlich soll es auf dieser ab und an einmal zu Staubildungen kommen.

Keine Sorge! Es kommt jetzt kein Buch im Buch über Afrika. Lediglich die Schilderung einer frühzeitigen Planung eines lange gehegten Jugendtraumes, der dann zur Realität geworden, überaus reichlich erfüllt wurde.

Unser, im Schwarzwald wohnender Bekannter avisierte einen Deutschlandbesuch des Farmerehepaares zum Osterfest im April. Ein paar Tage würden die beiden dann bei ihm wohnen und die Möglichkeit des gegenseitigen Kennenlernens wäre somit gegeben. Also, ab in das Gewühl der Autobahnen. Um eben einem Großteil dieses zu erwartenden Gewühles zu entgehen, entschied ich mich, die Fahrt am zeitigen Morgen des Karfreitags zu beginnen.

Das war nicht unbedingt die beste Idee! Die Hoffnung, auf einigermaßen leeren Autobahnen zu unseren Farmersleuten zu gelangen, wurde, aus dem Norden unserer Republik kommend, erst in Intervallen, dann aber im Bereich Frankfurt und anschließend Karlsruhe, schlagartig zunichte gemacht. Totaler Stillstand oder aber nervenzermürbendes Stopp and Go war angesagt.

Da kommt Freude auf, gell! Und Afrika war noch so weit. Das schafft. Die annähernd 600 Kilometer haben wir dann in knapp zehn Stunden bewältigt. Nach dem Treffen mit unserem Bekannten in einem Hotel dieses hübschen Schwarzwaldstädtchens ging es, nunmehr als Fahrgäste, zu seinem Haus, um die dort derzeit wohnenden Farmer zu begrüßen.

Gleich der erste Kontakt mit dem liebenswürdigen, ungefähr gleichaltrigen Ehepaar Hanne und Erwin Laborn ver-

lief absolut positiv. Es ist schon toll, wenn man „Südwestafrikanern“ gegenübersitzt und mit ihnen den normalen deutschen Schnack fabrizieren kann. Das ist gewaltig. Die jeweiligen Großeltern der beiden stammen aus Deutschland und somit sind Hanne und Erwin in dritter Generation in Namibia. Sie besitzen eine 5.000 ha-Farm, auf der Rinderzucht betrieben wird. Die Farm liegt in der Nähe von Otjiwarongo.
Der Farmer ist Meisterjagdführer und nimmt pro Jahr nur eine kleine Zahl an Jägern und deren Begleitpersonen auf, um sich mit seiner Familie intensiv um seine Gäste kümmern zu können. Dass sie das tun, haben wir später tagtäglich erleben können. Wir konnten an diesem Nachmittag, der sich bis Mitternacht hinzog, viel über Land und Leute bezüglich der Heimat unserer zukünftigen Gastgeber erfahren. Eine problemlose, interessante Konversation und auch das Vorführen von selbst erstellten Videos jagdlicher, aber auch touristischer Natur trug dazu bei, dass wir auf der staufreien (hört, hört) Rückfahrt am nächsten Tag begeistert von diesem Land schwärmten und ab sofort den Zeitpunkt unseres Urlaubes herbeisehnten.
Vierzehn Monate mussten wir uns allerdings noch gedulden. Aber Afrika war nach diesem ersten Kontakt und Kennenlernen der Farmer schon ein ordentliches Stück näher gekommen. Die Zeit bis zum Urlaub nutzen wir, um uns so vielfältig wie möglich über unser zukünftiges Urlaubsland zu informieren. Lektüre wurde in Mengen besorgt und studiert. Fernseh- und Reiseberichte begierig inhaliert. Einige Freunde und ebenfalls mein Bruder, der Namibia gerade bereist hatte, gaben uns viele Tipps und Informationen. Negatives haben wir nicht einmal gehört. Alle waren begeistert von diesem Land. So etwas macht mich von Haus aus stutzig. Im Nachhinein muss ich frank und frei bekennen, dass diese Sorgen absolut unbegründet waren.
Da wir überwiegend jagen wollten, das heißt, ich wollte jagen und meine Frau mich dabei begleiten, war es wichtig, die richtige Kleidung und Ausrüstung mitzunehmen. Was haben wir uns Gedanken gemacht. Dabei war es ganz einfach, mit

wenig Aufwand das richtige Outfit herzustellen. Unsere Textilien bestanden letztendlich, bis auf einige „bessere“ Teile für die Reise, aus Jeans-, Moleskin-, Baumwollstoff und Faserpelz. Ja, auch aus Faserpelz.

Und das in Afrika, werden nun einige kopfschüttelnd denken. Im Juli ist Winter in Namibia und morgens wie auch am Abend kann es recht frisch werden. Manchmal bis zum Gefrierpunkt. Eine Faserpelzweste unter der Jacke tut da gute Dienste. Die angenehme, trockene Tagestemperatur, so um die 20-25°C, erlaubt dann eine hemdsärmelige Kleiderordnung. Bei dem grünlich-/graubraun wirkenden Winter-Dornenbusch wäre die oftmals empfohlene kakifarbene Kleidung fehl am Platze.

Stinknormales, nicht zu intensives Grün oder auch graue und braune Farben sind da allemal besser. Häufig gewaschene Jeans- und Moleskinstoffe lassen da keine Wünsche offen. Diese Stoffe trotzen auch mit großem Erfolg den Dornen, in denen man in den ersten Tagen beim Pirschen alle paar Minuten hängen bleibt. Ein leichter profilschwacher Wanderschuh, ein kleines Fernglas, Sonnenbrille, Lippen- und eine gute Sonnencreme müssen dabei sein. Lippencreme ist bei der trockenen Luft sehr wichtig. Meine 9,3 x 62 mit 19 g TUG hat bei den gegebenen Verhältnissen im Dornenbusch und auch was das zu bejagende Wild anbetrifft keine Probleme aufkommen lassen. Bei dem teilweise sehr dichten Dornenbusch sind große Schussentfernungen eher selten. Auf freien Flächen ist das natürlich anders. Das leichte variable Zielfernrohr 1,2-5 x 32 hat bei Pirsch und Ansitz voll ausgereicht. Man jagt nur tagsüber, ein dämmerungsstarkes Glas ist also nicht notwendig.

Ein Messer braucht man eigentlich nicht, da die schwarzen Mitarbeiter der Farm das Wild aufbrechen, zerwirken und die Trophäen vom Farmer nach den Wünschen des Gastes hergerichtet werden. Ich gehe allerdings nie ohne Messer zur Jagd und habe mir einen handlichen Nicker eingesteckt. Viele Gelegenheiten für einen Einsatz gab es nicht. Aber den Dornenbusch für einen Kameraeinsatz nur mit den Händen zu bearbeiten, wäre mühsamer gewesen. Aber nun der Reihe nach.

Nach langen Monaten des Wartens war der Tag der Abreise da. Aus dem Norden Deutschlands ging es mit dem ICE nach Frankfurt am Main. Wir hatten eigentlich nicht viel Gepäck und doch war es zuviel. Als wir gegen Mitternacht den Jumbo nach Windhuk bestiegen, war uns doch ein wenig mulmig. Das erste Mal mit so einem Riesenvogel durch die Lüfte fliegen und dann gleich annähernd zehn Stunden. Oh, Mann! Der Service an Bord und der gute Rotwein verdrängte unser Magenkollern. Nach teilweise verdöster Nacht landeten wir am nächsten Morgen gegen 9 Uhr bei 6°C über den Gefrierpunkt in Windhuk.
Frische, klare Luft empfing uns, als wir den Flieger verließen. Die Abwicklung am Flughafen, auch was die Waffe anbetrifft, war problemlos und zügig. Jedoch, was für ein beschaulicher Betrieb im Vergleich zum Frankfurter Airport. In der nächsten Halle stand Erwin grinsend und winkend. Endlich angekommen, endlich in Afrika. Jetzt war Afrika ganz, ganz nah. Unser afrikanischer Traum konnte beginnen. Nach der Begrüßung und dem Verladen unseres Gepäckes ging es in Richtung Windhuk. Der Airport liegt ungefähr 40 Kilometer südlich der Hauptstadt. Erwin bemerkte, dass er total nüchtern und es o. k. sei, dass er auf der linken Straßenseite Richtung Windhuk steuert. In Namibia fährt man links. Ungewohnt für uns.
Bis zur Farm in der Nähe von Otjiwarongo waren noch gut 250 Kilometer zu bewältigen. Absolut keine Entfernung in diesem Land. Das teilweise sehr bergige Land vor und hinter Windhuk sowie der eigenartige grünlich-graubraun wirkende Dornenbusch auf gelbbraun bis rötlich und grauem Boden bot einen faszinierenden Anblick während der Fahrt. Paviane, Warzenschweine und Perlhühner am Rande der Straße oder dem Pad, wie man hier sagt, bestätigten dem Denkkasten, dass man nun tatsächlich in Afrika war.
Auf der meist schnurgeraden Straße von Windhuk bis Otjiwarongo, die übrigens tatsächlich B1 heißt, kamen uns nicht sehr viel Autos entgegen. Für unsere Begriffe. Erwin meinte allerdings, dass ganz schön was los sei. Oh, du glücklicher Autofahrer in Namibia! Man kommt zügig voran, keine Staus, keine

Unfälle. Nach letztmaligem Zwischenstopp in Otjiwarongo ging es von der Teerstraße auf die Schotterpiste. Nach knapp 30 km durchfuhren wir das Tor zur Farm Okandivi. Der Name stammt aus dem Herero und heißt soviel wie „die Sahne auf der Milch“. Stimmt! Die Familie, die Farm, das Wild, die Zeit, die wir auf Okandivi verbrachten, war „Sahne“!

Wir waren über 30 Stunden auf den Läufen, als Hanne Laborn uns auf der Farm begrüßte.

Die Farm liegt inmitten des Dornenbusches auf einer Anhöhe und man hat einen fantastischen Rund- und Fernblick. Pads durchziehen genauso wie die Koppelzäune für die Rinder das gesamte Farmgelände. Die Zäune behindern den Bewegungsdrang allen Wildes in keiner Weise. Kudus überfallen den Draht elegant, Oryx, Hartebeester und Warzenschweine gehen flott unter dem ersten Draht von unten durch die Koppeln. Duiker, Steinböckchen, Schakal und die Katzen haben aufgrund ihrer Größe bzw. Beweglichkeit absolut keine Probleme mit dem Draht. Im Osten sieht man die gewaltige Kulisse des Waterberg-Plateaus. Und über allem der tiefblaue Himmel, ein Wahnsinn. Was für ein Land!

Frischmachen, kühle Getränke und Mittagessen folgten. Und nun? Nun ja, vielleicht ein wenig ruhen? Denkste! Erwin ist Meisterjagdführer und Vollblutjäger. Schließlich waren wir ja zur Jagd hier. „Wenn ihr euch umgezogen habt, gehen wir raus“. Donnerwetter. Ich hatte nur Sorgen, dass mir irgendwann einmal die Augen zufallen könnten. Sind sie nicht.

Auch meine Frau hielt an diesem ersten wie auch an den folgenden Tagen tapfer bei Pirsch und Ansitz durch. Gemeinsam haben wir viel Freude und Spaß auf Okandivi erlebt.

Wir klapperten im offenen Rover die Pads ab und sahen eine Menge Wild. Eine tolle Sache, in der offenen Karre durch den Busch zu fahren. Ich musste an Mareks „gut Jagdauto“ denken, aber auch an Szenen aus Filmen und Büchern. Kudus, Oryx, Hartebeester, Warzenschweine, Duiker, Steinböckchen und Schakale sahen wir. Greifvögel, Trappen, Rosenkopfpapageien, der allgegenwärtige Gelbschnabel-Toko, Lärm- und Reichs-

vogel sowie viele andere Vögel, die wir kaum vom Namen her kannten, zeigte uns Erwin. Er war stets bemüht, unser Manko bezüglich der Kenntnisse über Fauna und Flora seiner Heimat, auf Vordermann zu bringen.
Bis auf die Warzenschweine äugt alles Wild hervorragend. Das mussten wir beim Pirschen häufig erleben. Es war ein Genuss, mit Erwin zu pirschen. Man muss gewaltig auf die kurz abgeästen bzw. von den Rindern abgeweideten Grasbüschelreste achten. Wenn man genau darauf tritt, zerbersten sie mit einem Mordslärm. Aber nach zwei bis drei Tagen Pirsch, während der man Siebenundvierzigmal mit Glas, Waffe, Hut und Klamotten im Dornenbusch hängen geblieben ist, klappt es allmählich. Dieses ausgiebige Pirschen hat uns sehr viel Freude bereitet.
Alles Schalenwild hat eine vorzügliche Tarnfarbe. Auch die Oryxantilope mit ihrer auffälligen Zeichnung ist, wenn sie ruhig im Busch steht, schlecht auszumachen. Man muss seine Augen schulen. Für unseren Jagdführer war das natürlich kein Problem, uns laufend Wild links und rechts im Dornenbusch zu melden. Aber im Laufe der Zeit ging es immer besser mit dem Erkennen. Meine Frau hatte das schon bald heraus. Ich suchte anfangs immer viel zu tief nach dem gemeldeten Wild. Logisch, wenn man ausgewachsene Buchen und Eichen als Maßstab nimmt. Bei Steinböckchen und Duiker, beide sind kleiner als unser Rehwild, geht das noch an. Ein alter Kudubulle jedoch, der mit hocherhobenem Haupt oftmals nur unwesentlich kleiner ist als der Dornenbusch, von dem er sich Deckung erhofft, ist auf Anhieb schwer zu erkennen.
Imposant-träge wirkend ist die Flucht der Kudus. Ein zauberhaftes Bild, wenn sie mit erhobenem Haupt und aufgestelltem Wedel riesige Fluchten machen. Wahnsinnig schnell, aus dem Stand „durchstartend“, um einmal unweidmännisch, jedoch treffend zu beschreiben, ist die Flucht von Oryx und Hartebeest. Duiker und Steinböckchen sind Buschschlüpfer, die blitzschnell verschwunden sind. Das tollste allerdings sind die Warzenschweine. Es ist ein unbeschreibliches Bild, wenn eine Bache

mit Frischlingen bei vermeintlicher Gefahr hintereinander mit hocherhobenem Pürzel, der wie eine Autoantenne aussieht, den geordneten Rückzug antritt.
Der erste Tag auf Okandivi neigte sich dem Ende zu. Wir saßen am späten Nachmittag, bei schon langen Schatten, an einer Wasserstelle, um den Tag ausklingen zu lassen. In Gedanken war ich schon aufgrund der immer stärker werdenden Müdigkeit kurz vor meinem Bett angelangt. Da kam leise und mit hocherhobenem Haupt halblinks von uns ein Kudubulle angewechselt. Was für ein Bild! Was für ein Bulle! Ich war hellwach.

Erwin sprach den Bullen an und nickte anschließend. Alle meine Sinne waren auf Volldampf. Mitten auf das Blatt schießen, hatte mir Erwin schon nachmittags gesagt. Das Wild sei sehr zäh im Schuss und der auf dem Blatt platzierte Treffer hätte kaum Nachsuchen zur Folge. Genau dort saß meine Kugel. Der Bulle steilte aus und lag im Wasser. Er kam nicht mehr auf die Läufe. Mit nachgeladener Büchse war ich mit dem Absehen des Zielfernrohres auf dem Stück. Er lag!

Stille! Erwins Lachen löste diese Stimmung. Er reichte mir die Hand und wünschte Weidmannsheil. Meine Frau gratulierte etwas verhalten. Warum, sollte ich gleich erfahren.
Etwas verwirrt nahm ich die Glückwünsche entgegen. Ich konnte die Freude nicht gleich umsetzen. Das geht mir häufig so bei vielerlei Situationen. Es braucht eine Weile bei mir.
Ich konnte das gar nicht fassen. Ich hatte soeben einen Kudubullen erlegt. Und keinen schlechten. Der lange gehegte Jugendtraum war mit dem klatschenden Sprung des Bullen in das Wasser war geplatzt. War Realität geworden. Das dabei hochaufspritzende Wasser hatte die Flammen des Erträumten fast ausgelöscht, jedoch nur, um umgehend Platz für neues Licht zu schaffen. Licht und Kraft für neue Träume. Was sind wir ohne Träume?
Ich war sehr glücklich, als wir anschließend am erlegten Bullen standen und auf Erwin warteten, der den Rover herbeiholte. Meine Frau hatte dummerweise links von mir hockend, ihre Ohren bei der Schussabgabe nicht zugehalten und nun Probleme mit der Verständigung.
Daher ihr vorhin etwas seltsam wirkendes Weidmannsheil. Gott sei Dank ging es ihr aber bald besser. Sagte sie jedenfalls. Selbst knalltraumageschädigt, ein Geschenk der Militärzeit, machte ich mir jedoch Sorgen um sie. Gottlob ist nicht vielmehr als ein leichtes Rauschen zurückgeblieben. Bei mir pfeift es im Lauscher seit fast dreißig Jahren. Unangenehme Sache. Der Bulle wurde per Greifzug verladen und unter einem prachtvollen Sternenhimmel anschließend zur Farm gebracht. Die Fahrt dorthin durch die kühle Abendluft mit dem mächtigen, erlegten Wild auf der Ladefläche war ein Erlebnis besonderer Art. Die schwarzen Mitarbeiter von Erwin versorgten das Stück fachgerecht. Die Müdigkeit war weg. Was Wunder. Es reichte des Abends sogar noch für einen Besuch in der Hausbar. Ein wunderschöner, erlebnisreicher erster Tag auf Okandivi war zu Ende. Die Vorfreude auf die vor uns liegende Zeit beflügelte unseren Gang in Richtung Betten. Es wurde Zeit.

Wir haben gut geschlafen in dieser ersten, gewaltig ruhigen afrikanischen Nacht.

Morgens um 7.30 Uhr bei klarer, recht frischer Luft gingen wir von unserer etwas abseits gelegenen Unterkunft zum Farmhaus, um zu frühstücken. Die Sonne war bereits sehr intensiv und beim Blick zum am Horizont zu erkennenden Waterberg-Plateau mussten wir die Hände schützend über die Augen halten. Ein atemberaubender Rundumblick von der Anhöhe, auf der die Farm lag, leitete den nächsten herrlichen Tag ein. Auf einer südöstlich gelegenen, riesigen Grasfläche konnten wir mit bloßem Auge schon Warzenschweine ausmachen. Die Fläche hat den Namen „Erwins Schweinewiese“ von einem Jagdgast bekommen. Stimmt genau! Egal, wann immer wir auch an der Fläche vorbeikamen, Warzenschweine waren immer da.

Dort sind wir eines Tages gegen die Mittagszeit unter Wind eine Rotte angegangen. Ich konnte auf 100 Schritte vollkommen problemlos ein „Küchenkeilerchen“ strecken.
Es hat uns gut geschmeckt. Das Fleisch ähnelt allerdings eher dem unserer Hauskaninchen. So hell ist es. Das Fleisch der

anderen Wildarten ist dunkel wie bei unserem Wild. Es schmeckt fantastisch. Hanne servierte einige Male Steaks von Kudu und Oryx und wir konnten ausgiebig das hervorragende Fleisch genießen.
Auf der Grasfläche lebt aber auch noch, wie natürlich auch anderswo auf der Farm, der Erdwolf, eine nützliche Hyänenart. Schuppentier und Erdferkel sind hier heimisch. Ein Schuppentier haben wir leider nicht gesehen. Die Erdferkel buddeln bei der Nahrungssuche mit ihren unglaublich harten Schalen die Löcher für die Warzenschweine und manch anderes Getier. Und die „wohnen" dann darin, wie die Farmersleute sagen. Die Erdfarbe, die recht unterschiedlich ist und von rot über rotbraun, gelblich, hell- und dunkelgrau bis fast schwarz reicht, färbt auch die darin „wohnenden" Warzenschweine dementsprechend. Manchmal konnte man an den Wasserstellen alle Farben gleichzeitig registrieren. Am vornehmsten, so meine ich, waren die fast schwarz gefärbten. Sie wirkten mit ihren hellen Backenbärten doch recht nobel. Auch Stachelschweine und Springhase gibt es hier und werden ebenfalls bejagt.
Nachdem wir gemütlich gefrühstückt und den Tagesplan durchgesprochen hatten, nahmen wir wiederum Platz im offenen Rover. Das Gewehr kam in eine dafür vorgesehene Halterung oberhalb der Armaturen. An das linksseitige Einsteigen bei nicht vorhandenem Lenkrad habe ich mich erst gewöhnen müssen. Wir haben an diesem Tag etliche Male vom Pad aus Wild angepirscht und sind häufig auf gute Schussentfernung herangekommen. Jedoch war das passende nicht dabei. Erwin ist bemüht, reife Trophäen auf die Strecke zu legen.
Wie bereits erwähnt hat uns diese Pirscharbeit großen Spaß gemacht. In meinem stadtnahen Erholungs-Pirschbezirk ist das leider in diesem Umfang nicht mehr möglich. Ich habe das sehr genossen ohne die vielen ihre Freizeit nutzenden Menschen, ohne Lärm von Fliegern, von der Straße und Industrieanlagen dem Wild nachzustellen. Die eigenartige Stimmung im Dornen-

busch, die ungewohnte Stille, die Rufe des grauen Lärmvogels, der sich im vertrauten Zustand wie eine schlecht geölte Kellertür anhört, jedoch durchdringend warnte, wenn er uns in Anblick bekam. Die kräftige Sonne, plötzlich weg brechende Warzenschweine, schreckende Kudus, schnaubende Oryx und Hartebeest, wenn sie denn doch einmal Wind von uns hatten, begleiteten unsere leise Pirsch.
Ich bin seitdem von diesem Erleben gefangen. Das wird wohl so bleiben. Viel zu schnell vergingen die Stunden.
Unser Mittagessen haben wir mit kühlen Getränken aus der Kühlbox mitten im Busch oder in einer Ansitzhütte eingenommen. Ist das ein Leben, das hält man aus. Erlesenes, Erträumtes war Realität geworden. Manchmal war ich versucht, mich zu kneifen. Aber es war kein Traum. Wunderschönes Erleben bei netten Menschen, angefüllt mit jagdlichen Aktivitäten, die einem das Herz weit machen. Was willst du mehr, Jägersmann? Ich bin dankbar, dass meine Frau diese Passion anerkennt und miterlebt.
Wenn ich keine jagdlichen Begierden hatte, saßen wir stundenlang an Wasserlöchern in den Ansitzhütten oder aber bei „verkehrtem" Wind auch in einem Dornenbusch und filmten oder fotografierten. Besonders dicht sind uns dabei die Warzenschweine auf die Pelle gerückt.
Manchmal waren es gerade zwei Meter. Einen Kudubullen auf 15 Meter arglos vor der Linse zu haben, war recht beeindruckend. Eine kräftige Leopardenspur stand eines Morgens vor unserem Ansitzbusch im Sand. Der Farmer unterließ es nicht, uns grinsend darauf hinzuweisen, als er uns mit unserer Filmarbeit zurückließ. Nun ja, die Leoparden sind ja nachtaktiv. Nicht wahr? Dieses sagte ich meiner Frau zu ihrer, aber auch zu meiner Beruhigung. Leoparden und Geparden sind häufig auf der Farm. Wir haben ihre Trittsiegel des Öfteren morgens auf der Pad bewundern können. So ein Trittsiegel von einem ausgewachsenen, männlichem Leoparden ist recht imposant anzuschauen. Leider haben wir keine der Katzen in Anblick bekommen. Hanne hatte eines Morgens um 9 Uhr

auf dem Weg zur Stadt gleich zwei Geparde, noch im Farmgelände, vor dem Pickup. Doch halt, wir waren mit dem Erleben des zweiten Tages noch nicht am Ende.

Als dieser Tag sich schließlich dem Ende neigte, saßen wir wiederum an der gleichen Wasserstelle wie am Vorabend. Kurz vor Schwinden des Büchsenlichtes kam ein Keiler mit beachtlichen Waffen auf ungefähr 120 Meter über den Damm. Mir blieb die Luft weg.

Donnerwetter! So schnell wie der Keiler auf den Damm gezogen war, so schnell war er unseren Blicken wieder entschwunden. Schade! Gerade hatte ich meine bereits aufgenommene Büchse wieder abgestellt, da zog der Keiler nunmehr flott über den Damm. Der Farmer nickte und der Keiler blieb mit Blattschuss im Feuer. Ich kann gar nicht beschreiben, was in mir vorging. Einerseits ging mir das alles zu glatt, andererseits war ich natürlich glücklich über diesen Abschuss. Der Keiler hatte ordentliche Waffen. Alle Achtung. Das meiste an einem Warzenschwein ist, so meine ich, allemal das Haupt. Der Restkörper wirkt mickerig dagegen. Wir haben dann am Abend dem Brauchtum genüge getan und ein ordentliches Schüsseltreiben veranstaltet. Gut, dass wir uns tagsüber trotz etlicher Ansitzstunden auch ausreichend bewegen konnten. Die Verpflegung und der abendliche Besuch der Hausbar wäre ansonsten eine echte Gefahr für die mitgebrachte Konfektionsgröße gewesen.

Bei all dem jagdlichen so positiven Erleben und Erfolgen muss es natürlich auch Aussagen über die Sorgen der Farmerfamilie zu ihrem Alltag geben. Der abendliche Klönschnack hatte somit nicht nur die Jagd, sondern auch die Farmerei zum Thema. Der ausgebliebene Regen im vergangenen Jahr lässt nur noch einen Bestand von 100 Rindern, von ehemals 500, zu. Aber auch diese müssen verkauft werden, wenn es in der kommenden Regenzeit trocken bleibt. Der Farmer sorgt sich natürlich ebenso um sein Wild und Luzernegaben werden wohl unumgänglich sein, um das Wild einigermaßen bei Kondition zu halten. Wasser kann das Wild gottlob

noch aus den aus gebohrten Brunnen gespeisten Rindertränken entnehmen.
Man erschrickt regelrecht, wenn man das hier und da noch stehende gelbe Büschelgras sieht. Automatisch fragt man sich, von was denn hier um alles in der Welt Rinder und auch noch Wild leben soll? Es lebt. Nur, so der Farmer, noch eine trockene Phase und das Wild muss darben und ein Großteil muss unweigerlich verhungern. Uns wurde ganz mulmig, wenn wir dabei an den derzeit noch hervorragenden Wildbestand dachten.
Wasser! Immer wieder Wasser. Was sind wir Mitteleuropäer doch verwöhnt.
Ein befreundeter Farmer der Familie, bei dem Erwin zusätzlich in Konzession jagt, hat alle Dornenbüsche mit der Raupe abschieben lassen. Er erhoffte sich bei einsetzendem Regen dadurch größere Chancen für die im Boden lagernden Grassamen. Wenn Regen kommt.
Wir wünschten ihm, dass seine Rechnung aufging.
An einem der nächsten Tage konnte ich eine alte Hartebeestkuh während der Pirsch strecken. Hierbei bekam ich das erste Mal die Zähigkeit des afrikanischen Wildes zu spüren.
Die Kuh hatte, genau wie einige Tage später ein Hartebeestbulle, einen guten Blattschuss. Und stand! Auf weit gespreizten Läufen. Auch hier kein Ausschuss. Einen Ausschuss hatten übrigens nur der Oryxbulle, den ich am Ende unseres Aufenthaltes schoss und der die Kugel schräg von hinten auf das Blatt mit Ausschuss am Träger hatte sowie das „Küchenkeilerchen“.
Die anderen Stücke hatten keinen Ausschuss. Auf mein Begehren, der Kuh den Fangschuss anzutragen, winkte Erwin ab: „Fällt gleich um, guter Schuss!“ So war es dann auch. Aber das dauert. Da kann man schon nervös werden.
Bei einer anderen Hartebeestkuh, die eine Wilderer-Stahldrahtschlinge um den Träger trug, musste ich Notgedrungenerweise, nachdem ich sie spitz von hinten beschossen hatte, dann doch noch einen Fangschuss anbrin-

gen. Der zweite Schuss durch den Dornenbusch auf den Träger ließ die arme Kreatur verenden. Die Schlinge war bis zu diesem Tag nur unwesentlich in die Decke eingedrungen. Aber irgendwann wäre der Stahldraht das Ende für das Stück gewesen.

Eine uralte Oryxkuh, die kaum noch Zähne hatte, wie wir nach dem Schuss feststellen konnten, und auf dem linken Hinterlauf stark schonte, wurde eines Abends meine Beute. Die beachtlichen Spieße der alten Oryxkuh erinnern mich, wenn ich sie mir heutzutage zu Haus anschaue, immer wieder an das den Lauf schonende, leise Anwechseln des Stückes bei beginnender Dämmerung. Die Kuh steilte im Schuss auf und brach nach einer Vierteldrehung zusammen. Sie lag wie ruhend auf den Läufen und war verendet.
Als der Schädel am nächsten Tag in einem alten 200 Liter-Fass abgekocht wurde und die Spieße oben herausschauten, bemerkte meine Frau, dass da wohl dem Leibhaftigen persönlich Dampf unter dem Hintern gemacht wurde. Es sah gewaltig aus. Die Abkochpötte für meine Rehböcke fallen da zierlicher aus. Die Spieße der Oryx, die sicherlich eine

gefährliche Waffe sind, werden von den scheinbar immer rauflustigen Antilopen auch erfolgreich zum Beenden von mancherlei Juckreiz benutzt. Das kann man häufig beobachten. Es ist erstaunlich, wie geschickt sie diese Möglichkeit nutzen.

Bei unserem morgendlichen Abklappern der Pads entdeckte ich eines Tages unweit vom Koppelzaun ein ruhendes Stück Wild. Keine 20 Meter von uns entfernt. Erwin hielt den Rover an, setzte zurück und wir konnten einen Keiler erkennen. Regungslos lag er da.
„Vielleicht abgerauscht? Krank?" Der Farmer dachte laut. Schwerfällig kam nun, uns weitere Spekulationen entbindend, der Keiler auf die Läufe. Herrjeh, hatte der gute Waffen! Mindestens so gut, wie die von meinem ersterlegten Keiler. Der Keiler zog seltsam schwankend, als wäre er angesäuselt, langsam von uns fort. „Krank! Hinterher" kam es von Erwin. Ruck-zuck waren wir aus dem Auto. Wir holten weit unter Wind aus, um dem Keiler den zu vermutenden „Fluchtweg" abzuschneiden. Flott und doch leise ging es voran.

Plötzlich stand Erwin, deutete mit auf den Rücken gehaltenen Händen einen Stopp an. Er schaute nach links. „Siehst du den Kopf des Keilers? Er liegt ungefähr 30 Meter links von uns?" Nichts sah ich da. Nur gelbes Gras und trockenes Holz. Erwin beschrieb mir nun flüsternd die genaue Stelle. Da hatte ich ihn weg. Ich konnte die riesigen Haderer sehen und tat dieses kund. „Ziel genau dazwischen und dann zehn Zentimeter höher, dann bleibt er liegen". Ich war gerade mit dem Absehen auf der beschriebenen Stelle, als der Keiler schwerfällig hoch wurde. Sofort zog ich den Abzug durch. Die Kugel saß auf dem Halsansatz und ließ den Keiler auf der Stelle zusammenbrechen. Der Keiler war nur unwesentlich abgekommen und hatte nach dem Aufbrechen und Zerwirken weder außen noch innen Anzeichen einer Krankheit oder Behinderung. Vielleicht war es doch eine extreme Rauschzeit bedingte Kondition, die diesem starken Keiler zu schaffen machte. Ich war hoch erfreut über die sehr guten Waffen und das Erleben um die Erlegung dieses Keilers.

Die Zeit rannte dahin. Unsere jagdlichen Aktivitäten wurden vom Besuch der Etosha-Pfanne und des Waterberg-Plateau unterbrochen. Das waren beeindruckende, herrliche Tage. Diese Mengen an Wild, teilweise hautnah, die wir im Etosha-Park gesehen haben, sind unvorstellbar. Beim abendlichen Grillen im Camp Namutoni ließ ein Löwe sein Gebrüll ertönen. Für Sekunden vibrierte die Luft. Da war ich aber mal beeindruckt. Donnerschlag! Faszinierend, diese Stimme. Bevor wir unseren Grillabend beendeten, bekamen wir noch Besuch von zwei Schakalen. Natürlich haben die schlauen Kerle in einem Camp, wo die Menschen jeden Tag Abfälle und Unrat produzieren, bald heraus, wo etwas zu holen ist. Keine zehn Meter von uns, jedoch immer vorsichtig sichernd, lauerten die Schakale auf die zugeworfenen Grillreste. Ich war froh, dass die Löwen doch wohl andere Ansprüche an ihre Nahrung stellen.
Das Waterberg-Plateau im Morgen- und Abendlicht muss man gesehen haben. Mir sind einige gute Aufnahmen gelungen. Man kann das nicht beschreiben. Waterberg im Morgennebel. Wahn-

sinn! Ringsum Dornenbusch und Paviane. Wir haben sie des Morgens nur hören können, gesehen haben wir keine. Aber ihre „Händchen“ hatten sie vor unseren Fenstern in den Sand gedrückt. Vermutlich befanden sie sich auf einem Inspektionsgang a la Schakale.
Hier am Waterberg spürt man besonders die deutsche Vergangenheit im ehemaligen „Deutsch-Süd-Westafrika“. Die alte Polizeistation, umgebaut zum Restaurant, der Schutztruppler-Friedhof und die Gedenktafel für die Herero-Krieger machen unübersehbar klar, das Schwarz und Weiß sich an diesem Ort einstmals feindlich gegenüberstanden.
Viele Menschen, auf beiden Seiten, haben hier ihr Leben lassen müssen. Doch das ist Geschichte. Dem jungen Staat Namibia ist auch weiterhin ein gutes Einvernehmen zwischen den verschiedenen Hautfarben zu wünschen.
Die Rückfahrt zur Farm durch Mopane- und Dornenbusch und immer wieder Dornenbusch auf den bis zum Horizont reichenden Pads verlief zügig und bald waren wir wieder auf der Farm.

Die letzte Woche unseres Aufenthaltes war angebrochen und unerbittlich neigte sich unser Urlaub dem Ende zu. Körper und Geist waren in diesen Tagen im Süden Afrikas so richtig im

„Einklang“ und mit jagen, fotografieren und filmen flog die Zeit dahin. Es war intensives Erleben für uns. Die Farmerfamilie gab sich erfolgreich die allergrößte Mühe, unseren Aufenthalt so angenehm wie möglich zu gestalten. Es hat alles gepasst. Mit den Kindern, Bianca und Hans-Peter, war sofort ein problemloses Verhältnis vorhanden und ich habe die beiden um ihre Möglichkeiten, sich in ihrer Freizeit in vielfältiger Weise auf der Farm beschäftigen zu können, beneidet. Welche Jugendlichen haben oder hatten bei uns noch die Gelegenheit, so heranzuwachsen? Mit der Natur auf Tuchfühlung. Sicher kaum noch machbar in unserem „Old Germany“.
Das einzige Stück Wild, dem wir hinterher gehen mussten, war ein kapitaler Oryxbulle.
Kurz vor Schwinden des Büchsenlichtes hatte ich ihm, aus einem Trupp von 12 Stücken, die leise durch den Dornenbusch auf uns zugewechselt waren, die Kugel Hochblatt spitz von hinten auf die rechte Seite gesetzt. Der Ausschuss links am Träger hat die Halsschlagader zerrissen und den Bullen dann Gott sei Dank nach 150 Meter zusammenbrechen lassen.
Doch das wussten wir ja alles erst später. Im Schuss ging der Bulle vorn kurz zu Boden, um sodann hochflüchtig mit den anderen Stücken abzugehen. Ich war irritiert. „Er hat die Kugel, wir gehen gleich hinterher“ sagte der Farmer, als er mein fragendes Gesicht sah. Es war schon recht dunkel, als wir uns nach 15 Minuten auf den Weg machten, um den Bullen zu suchen.
Ausgerechnet zum Ende der Jagerei so ein Bockmist, ging es mir durch den Kopf. Wenn der Bulle breit gestanden hätte, wäre er sicher am Platz geblieben. Dann man los. Wie eine Schlange wand sich Erwin im Halbdunkel durch die Dornen. Ich hatte Probleme zu folgen.
Nichts! Nichts zu finden. Zurück zur Pad. Nochmals zum Anschuss. Es wurde schnell dunkel. Der von unten nach oben zunehmende Mond gab, knapp, dass er halb voll war, ein wenig Licht. „Wir gehen tiefer rein, sollte er nicht bald liegen, kommen wir morgen früh suchen.“ Und laden die Reste vom nächtlichen Schakal-Festmahl auf, dachte ich Erwins Worte weiter.

Hoffentlich lag der Bulle! Rein in den Busch. Nach etlichen Metern sah ich über Erwins Schulter und sah einen hellen Fleck. „Da ist etwas Weißes, Erwin!“ „Ja, hab ich gerade gesehen“ kam es zurück. Vorsichtig gingen wir weiter. Kranke Oryx können sehr unangenehm werden. Es war der Bulle, er lag auf den Läufen. „Lade mal vorsichtshalber durch“ mahnte Erwin an. Dann schmiss er aus 20 Meter-Entfernung kleine Holzstückchen auf den Bullen.

Keine Reaktion. „Er ist tot! Mausetot!“ Erwin fasste den Bullen, als er bei ihm ankam, in die Spieße und strahlte mich an: „Ein starker Bulle, Weidmannsheil!“ Was habe ich mich mit dem Farmer gefreut, dass das Stück lag. Beim Ansprechen hatte Erwin genau ihn aus dem Trupp gespickt und mich auf ihn eingewiesen. Wir waren froh über die glücklich ausgegangene Nachsuche. Anschließend saß ich wartend unter dem prallvoll gefüllten Sternenhimmel bei meinem Oryxbullen. Erwin war gegangen, um den Pickup zu mir durch den Busch zu steuern. Nach einiger Zeit hörte ich das Krachen der angefahrenen Dornenbüsche auf mich zukommen und musste die stille Zeit des Sinnens bei meinem Oryx beenden. Ich gab Erwin mit der Taschenlampe Positionshilfe. Schweigend fuhren wir, nachdem der Bulle verladen war und uns kühle Getränke aus der Kühlbox erfrischt hatten, zur Farm. Fast schon ein wunderschöner Ausklang bzw. Höhepunkt dieser herrlichen Tage auf Okandivi. Der jagdliche war es damit leider schon, obwohl wir natürlich bis zum letzten Tag gejagt haben.

Der Abschied von Okandivi fiel uns nicht leicht und auf dem Weg zum Flughafen war uns klar, dass wir wiederkommen würden. Erwin betreute uns bis kurz vor dem Abflug. Ein herzlicher Abschied, dann ging er. Das Erlebte lässt die Entscheidung, wie bereits erwähnt, für eine weitere Reise nicht schwer fallen. Es ist immer wieder zu lesen, dass Namibia „nur“ das Einsteigerland für Afrikajäger ist. Man kann und sollte dieses herrliche Land mit seinen freundlichen Menschen allerdings ruhig des Öfteren einmal besuchen. Wem nach „Mehr“ gelüstet, dem steht die restliche Welt ja jederzeit offen.

Hinter dem heimatlichen Grenzstein

Wat is, „Heinzen, willste nich mal mit uff Jänse (Gänse)?" Rudi hatte mich dieses schon des Öfteren gefragt. Seit Verschwinden des leidigen Stacheldrahtes hatte er wieder Kontakt zu seiner brandenburgischen Heimat aufgenommen.
Die Jägerei dort kannte er noch aus Jugendzeiten und somit war es für ihn kein Problem, ab und zu auch einmal auf „Jänse" zu gehen. Ich fuhr mit. Die Polenfahrt fiel mir ein und schon hatte ich das Schreien der Gänse im Ohr. Auf Gänse. Warum nicht?!
Edmund, der jagdliche Chef der kleinen brandenburgischen Gemeinde, empfing uns in seiner Kneipe. „Kaum noch Gänse da, außerdem ist das Wetter zu gut. Sie kommen zu hoch. Ihr könnte es aber trotzdem versuchen. Du weißt ja, wo die Gänse kommen, Rudi."
Edmunds Worte klangen nicht sehr viel versprechend. „Wenn bloß der Himmel dicht wäre. Am besten ist ein bisschen Nebel, dann looft die Jänse-Jagerei", hatte auch Rudi Bedenken.
So war es dann auch. Der Himmel war fast klar, wir hatten Vollmond. Wenn man ihn braucht, ist er nicht da, dachte ich bei mir, kann man auf ihn mal verzichten, steht er prompt am Himmel. Die Scheibe des Mondes war im Begriff, ihre nächtliche Reise anzutreten. Es dämmerte und wurde spürbar kälter. Kaum noch Gänse da, hatte Edmund gesagt. Dann hätte ich gern einmal gewusst, wie viel Gänse denn sonst hier des Abends einfielen. Tausende waren in der Luft! So etwas habe ich noch nicht gesehen. Ga-ga, Ga-ga, am laufenden Band. Ein beeindruckendes Szenarium. Edmund winkte des Abends lasch ab, als ich ihm das erzählte.
„Det is noch gar nischt, det geht hier manchmal in die Zehntausende". Unglaublich!
Geschossen habe ich keine Gans, sie waren einfach zu hoch. Probieren muss ich es natürlich.
Bei den großen Vögeln verschätzt man sich ungewohnterweise in der Flughöhe. Die einzige Gans, die ich beschoss, war dann

auch gut hundert Meter über mir. Sie machte nur eine kleine Kurskorrektur und verschwand in endloser Ferne. War das ein Schauspiel. Bis zur Dunkelheit kamen immer wieder ganze Pulks der großen Vögel. Erst leise, dann immer lauter werdend, kündigten sie sich schreiend an. Ich musste an Polen denken. Aber sie waren zu hoch, unerreichbar für unsere Flinten. Beim Abendbrot in Edmunds Kneipe meinte dieser: „Dann jeht man noch uff Sauen, det Licht ist jut." Gesagt, getan! Rudi setzte mich an einem nicht gedroschenen Rapsfeld ab. Die sich auflösende LPG hatte das nicht mehr in den Griff bekommen, wie mir erzählt wurde. Es stank nach Sauen! Am Rande des Rapsfeldes befand sich ein flacher Damm. „Hock dir am halben Damm uff dein Stuhl und zwar so, dat du in den Raps kieken kannst! Jib Dampf, wenn se kommen, Kleener!" waren Rudis Worte. Dann fuhr er weiter. Nebenbei gesagt, so „kleen" bin ich nicht.
Ich hatte Pech! Als ich mir am Damm einen Platz suchen wollte, passierte es. Mein lädierter Ständer knickte um und „haste nicht gesehen" Pardauz lag ich lang hingestreckt auf der Brandenburgischen Erde. Vorbei! Ich konnte kaum noch auftreten. An Jagd war nicht mehr zu denken. Der Knochen schmerzte

höllisch. Ich sah mich nach meiner Büchse um, sie lag ein paar Meter weiter. Robbenderweise gelangte ich bei ihr an. Was tun?! Auf dem Rücken liegend überlegte ich. Ich wusste nicht einmal, wo ich war. Rudi hatte sich für drei bis vier Stunden später angesagt. Aber den ungefähren Weg zum Dorf hatte ich mir gemerkt.

Aus einem Weidenbusch schnitt ich mir einen Krückmann und ab ging die Reise. Reise ist gut.

Ich schlich durch die Gegend wie einstmals Käpt'n Flint. Verrückt, schoss es mir durch den Kopf, wenn dir vor einem Jahr jemand erzählt hätte, du läufst mit der 9,3 auf dem Buckel durch Brandenburg, dann wäre sofort der Zeigefinger zur Stirn gegangen. Ich kam tatsächlich nach etlichen Kilometern schwerster Schinderei in dem richtigen Dorf an. Auf der dunklen Dorfstraße fragte ich einen Bengel nach der Kneipe. „Da stehste vor" kam die verdutzte Antwort. „Du musst nur um die Ecke" erklärte er. Aha, ich war von der anderen Seite gekommen. Auch gut, Hauptsache, du bist vor Ort. Ich war froh. „Wat hast'n da uff'n Buckel?" begehrte nun mein Gegenüber zu wissen. „Ein Gewehr, sieht man das nicht?" gab ich zurück. „Du bist doch nicht von hier?" fixierte er mich. „Nein, ich bin hier nur zur Jagd".
Das befriedigte ihn nicht. „Wo kommst'n her?" Er ließ nicht locker. Nun nannte ich ihm meinen Heimatort. „Wat?" entfuhr es ihm, „und det zu Fuß?!" Trotz der Schmerzen in meinem Fuß musste ich nun gewaltig lachen. Ich erklärte ihm die ganze Sache. Nun grölten wir beide los. In der Kneipe wurde ich vorzüglich bemuttert. Sogar die Gemeindeschwester wollte mir kalte Umschläge machen. Stunden später kam Rudi. „Wat machst denn du für'n Mist, ist der Flunken in Ordnung?" „Es geht schon besser" beruhigte ich ihn.
Sollte er mich noch mal fragen: „Wat ist, Heinzen, willste noch mal mit uff Jänse?".
Ick fahre mit „uff Jänse"!!

Vom Mond und anderen Waldbesuchern!

Recht vielfältig ist die Palette derer, die den Wald aus mancherlei Gründen aufsuchen.
Der Mond gehört zum Wald genau wie der Jäger. Auch die Pilz- und Beerensucher, die Naturfreunde, echte und unechte, stille und laute?! Die unechten und lauten sind, so glaube ich, ungern im Wald!? Er kommt ihnen unheimlich vor und man trifft sie auch nur im Hordenverbund bei allen möglichen Frischluftaktivitäten an. Es scheint immer aktueller zu werden, vermeintliche, gesellschaftliche Zwänge laut grölend im Wald zu erledigen bzw. sich ihrer zu stellen?
Auch solche, die Unterschlupf suchen, kennt der Wald. Diese natürlich mit Abstrichen.
Auch das Militär nutzt den Wald.
Ich hatte mich an einem wunderschönen Herbsttag in ein Buchenaltholz auf eine Leiter gesetzt, um dazu beizutragen, den Abschuss des weiblichen Rehwildes zu erfüllen. Bekanntlich ist der Herbst aber auch die Zeit der Manöver. Es waren Engländer im Revier. Dagegen ist an sich nichts einzuwenden, doch es bringt Unruhe. Die Sonne verschwand allmählich, es wurde dämmerig. Rehwild war nicht zu sehen, und die Dämmerung schritt voran.
Da gewahrte ich rechter Hand im Altholz einen hellen Fleck, den ich sofort mit dem Spiegel einem Stück Rehwildes in Verbindung brachte. Mein Blick durch das Glas gab vorerst aber keine genaue Identifikation. Der Fleck bewegte sich seltsam nickend auf meine Leiter zu.
Donnerschlag, das war ja ein Mensch! Ein Engländer! Die Tarnklamotten waren gut, das stand fest. Mit dem bloßen Auge konnte man nur seinen hellen Schädel sehen. Was er wohl vorhat, überlegte ich. Einen Helm hatte er nicht auf. Eine Knarre oder ähnlich Furcht einflößende Gerätschaften waren nicht zu erkennen. Er ging sehr langsam und leise, sich fortwährend umschauend. Das musste ein Jäger sein, so wie der sich bewegte! Oder?
Langsam wurde die Sache mulmig, er war bis auf 20 Meter ran. Da hielt der wackere Streiter inne und nun, das sah ich jetzt erst,

kramte er unter der Achsel eine Rolle hervor, die wir alle, mehr oder weniger oft, fast täglich brauchen. Auch ein Klappspaten, der am Gürtel hing, wurde sichtbar. Die Rolle verschwand im Gras, der Spaten schickte sich an, für seinen Herrn eine Gruft für das Überflüssige seiner Verdauung zu schaffen.
Gut machte er das. Ich kann das beurteilen, denn auch ich war einmal Soldat. Die Größe der Gruft allerdings ließ auf eine kleine biologische Sensation hoffen. Das konnte ja wohl nicht wahr sein?! Manche Menschen trommeln allerdings immer und überall, auch wenn es um rückwärtige Geschäfte geht. Nachdem er sich sodann mit entblößtem Hinterteil – das ist ja sehr praktisch bei solch einem Geschäft – über die überdimensionale Grube gehockt hatte, begann er mit der Entsorgung. Ganz verklärt war sein Blick, das zeugte von Zufriedenheit. Ich kam mir nicht fair vor, ich hätte mich vorher doch zu erkennen geben sollen. Sollte ich es jetzt noch tun? Nee, das wäre auch nicht das Wahre.

Man stelle sich den Schock für den armen Kerl vor. In dieser Situation! Und wenn auch, wie sollte ich es anfangen? So von oben herab, das könnte fürchterliche Auswirkungen auf den Soldaten haben. Mir fiel plötzlich ein, dass die Engländer – sogar, im Kino, glaube ich – bei Ertönen ihrer Nationalhymne

in Grundstellung gingen. Bei dem Gedanken zerriss es mich fast, ich hätte beinahe laut losgeprustet. Das kostete gewaltige Überwindung. Ich wollte es nicht darauf ankommen lassen, die Probe aufs Exempel zu machen, die Melodie ist mir bekannt. Außerdem war ich voll damit beschäftigt, meine Schreikrämpfe zu unterdrücken, wenn mir immer wieder das Bild vor Augen kam, der Engländer in akkurater aufrechter Haltung, aber mit blankem Unterteil andächtig der Hymne lauschend. Meine Not wurde sodann nach Erledigung der seinen beendet. Ruck, Zuck wurde der Hygiene genüge getan, die Büx nach oben, die Grube zugeschaufelt, getarnt und leise, leise schlich mein Soldat von dannen. Als ich mich allein wähnte, baumte ich ab. Mit Wild war wohl nicht mehr zu rechnen.
Am Weg angekommen, brach alles aus mir heraus. Wenn mich jemand gehört hätte, so wäre mir am Waldausgang wahrscheinlich die große, weiße Jacke sicher gewesen. Wahnsinniger, bewaffneter Jäger läuft grölend durch den Busch.
Es soll Leute geben, die Angst vor dem Mond haben. Er kommt ihnen unheimlich vor. Schlafstörungen sollen noch die harmlosesten Erscheinungen sein. Ich kann mich nicht entsinnen, dass mir das Mondlicht irgendwann einmal Unbehagen eingeflößt hat. Im Gegenteil! Ob Sommer oder Winter erzeugt das Mondlicht geradezu eine unerklärliche Faszination bei mir aus, und ein seltsamer Tatendrang lässt mich daheim selten Ruhe finden.
Jede verschlafene, wirklich gute Mondnacht – aus mancherlei Gründen – gibt mir das Gefühl, etwas verpasst zu haben. Natürlich hat es bei den vielen Nächten draußen schon solche gegeben, bei denen der innere Schweinehund fortwährend hinter die Augenlider klopft und in den schönsten Farben das warme Bett, speziell bei etlichen Minusgraden, umschreibt. Aber, wenn man jetzt geht, gerade in diesem Moment, hat der Fuchs 50 Meter vom Luder in der Dickung gesessen oder die Sauen gehen blasend – beim Abbaumen – auf die Reise. Nee! Hinfort mit dem Stalldrang!
Wenn im Sommer an der Wald-Feldkante das Mondlicht das Getreide, in dem die Sauen seit Tagen ihr Unwesen treiben, und

den Rübenschlag silbern glänzen lässt, wenn man im Glas irgendwann Rehwild, Füchse und Hasen erkennt, kann einem doch gar nicht langweilig werden. Und man hat Zeit zum Denken. Jedes Knacken im Bereich der Ohren fördert die Hoffnung, nun doch endlich vielleicht Sauen in Anblick zu bekommen. Nur oftmals, gerade, wenn es einfach zu hell ist, denken sie überhaupt nicht daran, ihre Schwarten auf dem hellen Felde zu präsentieren. Dann wieder kommen sie, just bei diesem Licht, scheinbar vollkommen arglos über die Felder gezogen. So ist das!
Viele Geräusche hat so eine Nacht. Manches kann man mit an Sicherheit grenzender Wahrscheinlichkeit bestimmen, anderes wiederum gibt die Nacht niemals preis. Es ist eine ungeheuere Stimmung, wenn nach Stunden in der Kälte irgendwann im Schnee der Fuchs auftaucht. Leise, im Pulverschnee nicht zu hören, ist er mit einem Mal da. Sich dann vor plötzlich spürbarer Kälte und aufkommender Passion zitternd in die richtige Position zu bringen, ist nicht einfach. Mancher Fuchs, was erzähle ich noch viel, etliche haben mir schon die Lunte gezeigt, weil ich doch zu hastig mit der Waffe irgendwo gegen stieß oder der zu schnell hingeworfene Schuss fehl ging. In solch einem Moment könnte ich mich selbst in den Hintern treten. Wut kommt auf über das eigene Unvermögen. Aber so ist das nun mal. Er war besser. Er hat seine Chance genutzt. Mein Gram dauert dann auch selten länger an. Solche Erfahrungen muss man sammeln. Nicht wahr!
Den anfangs beschriebenen Menschen, denen vor dem Mondlicht graut, stehen allerdings auch solche gegenüber, die es zu Hause nicht hält, wenn silbern das Mondlicht glänzt.
Sie sind nicht einmal Jäger. So etwas gibt es. Mit solch einem Individualisten hatte ich einmal eine Begegnung.
Nach vier Stunden Ansitz auf einer Kanzel bei etlichen Minusgraden und hohem Schnee, fand ich es an der Zeit, nunmehr dem warmen Bett zuzustreben. Ich brauchte mich nicht lange dazu überreden, da ich mittlerweile meine Füße bis zu den Knien nicht mehr spürte. Aber es war eine tolle Nacht. Leichte Wolkendekke, hinter der das Mondlicht für eine fantastische Kulisse sorgte.

Es war fast windstill, die Bäume im Umkreis der Kanzel standen schwarz und klar im Schnee und jede größere Kreatur konnte man auch ohne Glas deutlich erkennen. Nur leider kam weder Fuchs noch Sau, nur ein paar Rehe sorgten für Kurzweil. Nachdem ich meinen Nasenofen und das dazugehörende Heizmaterial verstaut hatte, langte ich zur Waffe und baumte vorsichtig ab. Auf der Leiter schaute ich immer wieder rings umher, man weiß ja nie. Aber leer war es im Sichtfeld der Kanzel. Nun denn! Vom Pirschpfad auf den nahen Weg kommend, fing ich erbärmlich an zu schlottern. Erst jetzt zog die Kälte so richtig durch. Um diesem Übel abzuhelfen, nahm ich die Büchse an den langen Arm und ab ging's im Schweinsgalopp zum Auto. Ich fuhr damals einen Käfer, dessen Heizung die Eigenschaft hatte, kurz vor dem heimatlichen Stall die Andeutung einiger Wärmegrade zu avisieren.

Total zugefroren war die Karre. Mit dem Feuerzeug, immer abwechselnd auch meine Hände damit wärmend, bekam ich das Schloss glücklich auf. Nachdem auch die angefrorene Tür mir endlich Einlass gewährte, versuchte ich die Scheiben mit wenig Erfolg innen und außen vom Eis zu befreien. Alle Fenster waren dermaßen zu, so dass ihre leichte Blindheit jeder Duschkabine Ehre gemacht hätten. Was soll's! Meine Büchse hatte ich schon auf den Rücksitz gelegt und wollte nun das gleiche mit meinem Fernglas tun. Da, wo es sonst hing, nämlich unter dem Mantel am Halse baumelnd, was nebenbei meiner an sich schon nicht zierlichen Figur zusätzliche Dimensionen verleiht, war es nicht. Verdammt noch mal, ich hatte es auf dem Sitzbrett liegenlassen. Es nützte nichts, auch wenn der ganze Körper, speziell die Füße, einen sofortigen Heimmarsch anmahnten, das gute Stück durfte ich nicht im Wald lassen! Erstens hatte ich nur eines davon und überhaupt. Da ich ein nochmaliges Einfrieren des Schlosses vermeiden wollte und mich außerdem allein in dieser Stunde im Walde wähnte, ließ ich die Karre unverschlossen mit der Büchse auf dem Rücksitz im Schnee stehen. Einige, die mit dem Waffenrecht auf gutem Fuße stehen, werden nun sogleich den Finger heben. Lassen wir das.

Im leichten Troll ging es zur Kanzel, ich erklomm diese, schnappte mir mein Glas und strebte unverzüglich meinem fahrbaren Untersatz zu. Als ich den Pirschpfad leise verlassen hatte und ebenso leise auf den Forstweg getreten war und diesen mit dem Glas ableuchtete, bekam ich den auf ca. 250 Meter entfernt stehenden Käfer in meine Optik. Fast wäre mir das Glas aus der Hand gefallen, denn umgehängt hatte ich es noch nicht. Da stand ein Mensch an meinem Auto! Leicht zitternd kurbelte ich die Sehschärfe zu Recht. Klar, ein Kerl, in einem Parka eingemummt. Mir wurde siedendheiß! Was suchte der Kerl hier, weit nach Mitternacht?
Noch heißer wurde mir bei dem Gedanken, dass ja meine Büchse in dem unverschlossenem Auto lag. Der Typ zeigte ein reges Interesse an meinem Gefährt. Ich wurde unsicher, was sollte ich tun? Erst mal beobachten! Er umschlug meine fahrbare Kühltruhe, kratzte mal hier und dort an den Scheiben und bemühte sich redlich, das Innere des Fahrzeuges zu ergründen.
Nun stand er an der Fahrertür. Mein Herz pochte. Hoffentlich ist sie wieder zugefroren, wenn er den Türgriff betätigt, schoss es mir durch den Kopf. Aber er machte keine Anstalten, die Tür zu öffnen. Meine Füße waren mittlerweile bis zum 3.

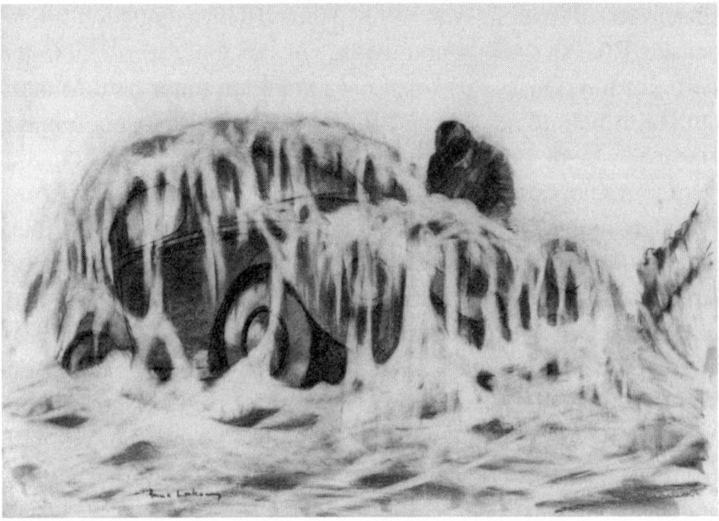

Lendenwirbel erstarrt, ansonsten war mir warm. Ich glaubte sogar Schweiß auf meiner Stirn zu spüren. Der Kerl, um einen solchen musste es sich ohne Zweifel handeln, umrundete nunmehr, des Öfteren stehen bleibend, das Auto in der typischen Manier eines Kaufinteressenten. Ja! Von allen Seiten wurde mein gutes Stück in Augenschein genommen, in die Hocke ging er, wippte sogar an der hinteren Stoßstange. Ich schwor bei allen guten Geistern, niemals wieder ein unverschlossenes Auto zurückzulassen. Es wurde langsam lästig! Was suchte der Kerl mitten in der Nacht im Busch? Autos kauft man um diese Zeit nicht! Schon gar nicht bei -15°C, Schneelage und mitten im Wald. War es ein Naturfreund, einer, der auch ohne jagdliche Ambitionen die Faszination einer Mondnacht erleben wollte? Vielleicht einer, der sich einen Braten holen wollte? So was gibt es ja auch noch! Ich war mir nicht schlüssig. Gerade war ich im Begriff, langsam auf mein Auto zuzusteuern, da setzte sich der Mensch in Bewegung. Da der Käfer in einem Verbindungsweg geparkt war, entschwand er sofort meiner Sicht. Nach ein paar Minuten hatte ich die Karre erreicht, riss die Tür auf, drehte mit klammen Fingern den Zündschlüssel herum und oh, Wunder, Herby sprang an! Mit heruntergedrückter Seitenscheibe, aus der mein heißer Schädel lugte, ging's Richtung Heimat.
Auf dem Weg sah ich nichts mehr von dem nächtlichen Wanderer. Vielleicht ist er quer durch den Busch gegangen. Oder aber, er hat Minuten, nachdem er vom Fahrzeug entfernt, dieses plötzlich gestartet wurde und auch fuhr, panikartig, da er ja vorher niemanden in der sorgfältig inspizierten Karre gesehen hatten, den Weg verlassen und schlotternd ob dieses Ereignisses im Graben gesessen?! Dann wär's nur recht! Seit diesem Tage verlasse ich auch einen schon häuslich eingerichteten Ansitzplatz, wenn ich mir nicht sicher bin, ob ich mein Auto zugeschlossen habe. Tags oder nachts!

Die andere Geschichte war harmloser, oder vielleicht genauso harmlos?!

Es war Novembermond mit leichter Schneedecke und schwachem Frost. Der Sinn stand mir nach Sauen. Es war nicht zu hell, genau richtig. Ich war mir meiner Sache sicher. Ich hockte auf einer geräumigen Kanzel, vor der ein kleiner Wildacker liegt. Ringsherum sind Stangenhölzer, und der leichte Frost ließ jeden Tapser unnatürlich laut in den Stangen erscheinen. Links von der Kanzel verlief, von mir gut einzusehen, ein Stichweg zu einem höher gelegenen Wirtschaftsweg. Die Zeit verging, jeder Hase und jedes Reh suggerierten anwechselnde Sauen, alle Sinne angespannt, wurde es so nicht langweilig. Zuerst im Unterbewusstsein, dann jedoch sehr deutlich, hörte ich schwere Tritte oben vom Stichweg kommend. Im Glas konnte ich nichts erkennen. Das kann nur eine einzelne Sau sein, schoss es mir durch den Kopf. Vorsichtig brachte ich die Büchse in Anschlag, das Licht war bestens.
Zog das Stück auf den Weg, konnte nichts schief gehen. Ruhe! Dann wieder langsame Tritte. Die Sau musste im oberen Bereich des Weges sein. Ganz eindeutig! Wieder Trittgeräusche, sie zogen fort vom Weg. Glas hoch; Nichts! Glas runter. Hinterher, war mein Gedanke. Leise verließ ich den Hochsitz und pirschte unter Wind den Stichweg hinauf, immer besorgt, so wenig Lärm wie möglich zu machen. Näher kommend verstärkten sich die Geräusche. Ich war bis zum Zerreißen gespannt, so dicht musste das Stück sein. Da kam um die Ecke biegend, nunmehr flott ausholend, ein Mensch auf mich zu. Fast schmerzlich laut halten seine Schritte auf dem überfrorenen Weg. Luft ablassend schulterte ich meine Büchse, lehnte mich an einen Baum und vergrub frustriert meine Hände im Lodenmantel. Der nächtliche Spaziergänger war mittlerweile auf ein paar Meter heran, er musste mich nun auch sehen. Ich schickte mich an, ihm die Tageszeit, sprich Nachtzeit zu bieten. Aber er hing stramm in der Fährte und machte keine Anstalten, seine Gangart zu ändern. Aufgrund der Tatsache, dass er bei Einhaltung seines Kurses mit an Sicherheit grenzender Wahrscheinlichkeit über meine gekreuzten Stiefelspitzen gestolpert wäre, entbot ich ein freundliches „Guten Abend!“ Das hätte ich nicht tun sollen.

Der Urschrei, gepaart mit einem plötzlichen Durchstarten dieses Menschen war die Folge.
Ich war ebenfalls erschrocken ob dieser Reaktion, und es tat mir leid, dass ich den armen Tropf erschreckt hatte. Jetzt stand der Mensch wieder, verhoffte. Nachdem ich mich dem schlotternden Herrn, um einen solchen handelte es sich nämlich, zu erkennen gegeben hatte, kam er zögernd wie ein nachziehender Pointer mit weit vorgestrecktem Haupt langsam näher.
Meine entschuldigenden und beruhigenden Worte, dass er es nicht mit Luzifer zu tun habe, bewirkten spürbare Erleichterung bei meinem Gegenüber. Ich klärte ihn auf, warum ich hier war und er sagte mir seinen Grund. Nichts wäre schöner, als in einer solchen Mondnacht den Wald zu durchwandern. Siehste! Meine Frage, warum er anfangs so bedächtig durch den Wald gekommen wäre, beantwortete er damit, dass er Geräusche im Stangenholz gehört hätte, ab und zu stehen geblieben war, um eventuell Wild in Anblick zu bekommen. Als ich ihm schilderte, dass ich meinerseits auf ein Wildschwein aufgrund seiner verhaltenen Fortbewegungsart gehofft hatte, lachte er herzlich. Ich schloss mich dem an. Wir trennten uns, jeder dem anderen das Beste wünschend, in einträchtiger Weise, nicht ohne ihn vorher allerdings noch darauf hinzuweisen, bei seinen nächtlichen Spaziergängen unbedingt die Wege einzuhalten. Er versprach dies hochheilig.
Wenn unser Rehwild Rachenbremsen hat, hustet es. Viel nützt das nicht!
Scheinbar hielt sich ein solches Stück in meinem Pirschbezirk auf. Ein Forstpraktikant erzählte mir dieses, als er mich zu Haus besuchte. Ich hing noch kampfunfähig nach einem Motorsägenunfall zu Haus herum. Der Praktikant kümmerte sich in dieser Zeit um meinen Beritt. „Wenn du wieder auf den Läufen bist, musst du selbst mal nachsehen. Ich habe zwar eine Ricke vorgehabt, aber die ist es nicht. Es muss ein anderes Stück sein. Bislang habe ich es noch nicht gesehen. Es hustet jeden Abend in der Dickung."

Soweit die Auskunft meines Helfers. Nach einigen Tagen, ich musste einfach mal wieder raus, fuhr mich mein älterer Bruder bis dicht an eine Leiter des betreffenden Revierteiles. Mal hören, ob es heute hustet, dachte ich während des Anmarsches. Mein Bein schmerzte tierisch und ich war froh, als ich mich, an der Leiter angekommen – mehr hochziehend als sprossensteigend – endlich setzen konnte. Zunächst tat sich gar nichts, abgesehen von dem gewaltigen Bummern in meiner frischen Narbe. Es wollte nicht aufhören. Also streckte ich das Bein von mir. Hält man auch nicht lange aus. Aber mit diesen Streckübungen ließ es sich ertragen. Nach einiger Zeit vernahm ich leises Ästeknacken in der Fichtendickung. Kurz darauf dann ein erbärmliches Husten. Aha, da ist das Stück mit den Rachenbremsen, ging es mir durch den Kopf.
Leise drehte ich mich, in der Hoffnung, das Stück gleich in Anblick zu bekommen, in Richtung des Geräusches. Nichts kam da.
Auch während der nächsten Ansitze tat sich nichts. Eine Zeitlang verging noch, bis ich selbst wieder in der Lage war, Auto fahren zu können. Die Fortbewegung fiel mir zwar noch schwer, aber es ging einigermaßen.
Ein junger Mitjäger unserer Försterei, der sich für einige Zeit in Amerika aufhielt, hatte mir einen lieben Brief geschrieben. „Unkraut vergeht nicht, es wird schon wieder" stand in den letzten Zeilen. Gott sei Dank, behielt er Recht.
Wiederholt saß ich in dem Revierteil, in dem das hustende Stück ja noch stecken musste.
Es war jedes Mal der gleiche Ablauf: Leises Knacken, husten, Ruhe. Leider ließ meine Verletzung ein Anpirschen durch die Dickung noch nicht zu. Eines Tages war das Maß voll. Da stimmt etwas nicht! Ich wollte endlich wissen, was sich da in der Dickung abspielte.
Leise verließ ich die Leiter, pirschte auf einem Weg vorsichtig am Dickungsrand entlang und kam dem Hustengeräusch immer näher. Ganz deutlich war es nun schon sehr nah zu hören.

Ich konnte nichts erkennen. So gut es ging, hockte ich mich hin. Wieder dieses raue Husten.
Da sah ich eine Bewegung. Zwei Hosenbeine! Gewöhnlich haben unsere Rehe keine Hosen an. Und aus diesem Grunde musste etwas passieren. Langsam richtete ich mich wieder auf und prahlte ordentlich laut in Richtung dieser Hosenbeine: „Komm da sofort raus, ein bisschen plötzlich, mein Lieber!“ Ob es ein Lieber war, wusste ich natürlich nicht, ein Kerl war das aber mit Sicherheit. Ruhe in der Dickung. „Komm raus!“ wiederholte ich meine Aufforderung.
Nun setzten sich die Hosenbeine in Bewegung und nach einigen Sekunden stand ein leicht abgerissen wirkender Kerl vor mir. Er sah mich an und... hustete! Mein Rachenbremsenreh stand vor mir. Jetzt sah ich auch, dass er eine brennende Kippe in der rechten Hand hielt. Es war Juli, sehr heiß und staubtrocken im Busch.
„Mach als erstes die Kippe aus, willst du den ganzen Busch abfackeln?“ herrschte ich ihn an.
„Jawohl Chef, bin selbst mal Förster gewesen, das geht in Ordnung“ gab er zurück und trat die Zigarette aus. Ach du

dickes Ei, was ist denn das für ein Kasper? So einer hat dir gerade noch gefehlt, so ein alter Spinner. Was machst du mit ihm, überlegte ich.
„Was hast du in der Dickung verloren? Du bist doch schon ein paar Wochen hier und vergraulst mit deinem Gekeuche das ganze Wild, also was ist?"
„Nee, nee" kam es nun von ihm, „man gerade eben bin ich da rein, wegen dem Regen, ich wollte mich unterstellen."
„Der Himmel ist blau, keine Wolke ist zu sehen, flunker mir nichts vor. Das Beste ist, du zeigst mir mal deinen Ausweis."
Jetzt wurde er unsicher, kramte aber eine zerfledderte Brieftasche hervor und reichte mir ein Stück Papier. Der Fetzen war eine abgelaufene Aufenthaltsgenehmigung einer Nachbargemeinde. Ich sah ihn an: „Das Papier hat keine Gültigkeit mehr, hast du keinen Personalausweis?" „Nein, den besitze ich nicht. Wissen Sie, ich bin gerade von der amerikanischen Armee entlassen und bekomme erst neue Papiere" gab er dreist zurück. Auch das noch, erst Förster, nun amerikanische Armee, irgendwas passte da nicht. Ich gab ihm sein Papier zurück. „So", ich wurde nun wieder etwas lauter, „jetzt pack dich und verschwinde aus dem Busch. Ich möchte hier jagen, du störst!"
„Jawohl Chef, das geht in Ordnung. Ich hole nur noch meine Plastiktüte." „Sag nicht dauernd Chef zu mir, ich bin nicht dein Chef" raunzte ich ihn an.
„Jawohl Chef" antwortete er und schlich in die Dickung. Als er diese wieder verließ, bemerkte ich, dass seine Schnürsenkel nicht gebunden waren. Ich sagte es ihm. „Mach deine Schnürsenkel zu, sonst fällst du noch aufs Maul!" „Jawohl Chef, wird sofort gemacht, das muss seine Ordnung haben", sprach's und band die Schuhe zu.
Der wollte sich gerade zur Ruhe betten, schoss es mir durch den Kopf. Oh ja, wie recht ich hatte. Kurze Zeit später wusste ich das. Nachdem er nun abmarschbereit vor mir stand, sah er mich an: „Ich hätte gern mal Ihren Ausweis gesehen." Mich traf fast der Schlag.

Was ist das denn für ein Kerlchen? Ich hielt ihm meinen Jagdaufseherausweis vor die Nase.
Er studierte eine ganze Weile und nickte zustimmend: „Jawohl Herr Jagdaufseher, das ist in Ordnung, packen Sie das Ding man wieder ein." Wie gütig von ihm dachte ich, auch hat er mal nicht „Jawohl Chef" gesagt. Er grüßte und schritt von dannen. Ich sah ihm nach.
Keine 20 Meter hatte er zwischen uns gebracht, als er sich umdrehte: „Das eine sage ich dir" rief er mir zu, „das machst du nicht noch mal mit mir. Ich habe Beziehungen bei der Polizei, bis in die höchsten Stellen des Ministeriums, die machen dich fertig!"
Das war ja wohl die Krönung! Ich deutete – was ich gar nicht hätte können – ein Durchstarten in seine Richtung an. „Wenn du jetzt nicht zusiehst, dass du Land gewinnst, geht's dir drekkig, lass dich nicht mehr sehen." Das zog! Wie eine Rakete ging der Kerl nun ab.
Als er genügend Abstand zwischen uns wähnte, drehte er sich um, schmiss die Reste seines Parkas über den linken Arm und schritt erhobenen Hauptes stolz wie ein Spanier dem Waldausgang zu. Da musste ich doch lachen. Ich glaube, er hat das gehört?
Das Lachen verging mir einige Minuten später, als ich, neugierig, wie ich nun mal bin, sein Biwak inspizierte. War das eine Sauerei, was ich da vorfand. Wenn ich das vorhin schon gewusst hätte. Wochenlang musste der Kerl hier schon zugebracht haben. Über seinem aus Plastikplanen bestehendem „Bett" hingen zwei Regenschirme. Überall lagen Klamotten, wahrscheinlich aus Altkleidersäcken geklaut, herum. Flaschen und Plastiktüten, leere Dosen und Lebensmittelreste rundeten das Stillleben ab. Wut stieg in mir auf. Wenn du den Kerl noch mal erwischt, bringst du ihn zur Polizei, kochte es in mir. Die Flaschen waren teilweise voll. Ich untersuchte sie. Angewidert nahm ich die Nase zurück. Der Kerl hatte die Pullen für seinen Blasendrang benutzt. Krampfhaft wischte ich mir die Finger ab. Jetzt noch die Plastiktüten.

Beinahe hätte ich hineingefasst, beinahe! In die Tüten hatte mein lieber Landstreicher seine rückwärtigen Verdauungsreste reingebracht. Mir kam das Würgen an. Wenn du den noch mal vor die Bilder kriegst, gnade ihm Gott! Stocksauer war ich über die Klärgrube in meinem Pirschbezirk. So schnell ich konnte, ging ich zum Auto und fuhr zum Waldausgang. Leider habe ich den Herrn nicht mehr gesehen. Er hätte sicherlich Probleme bekommen an diesem Abend.
Ein halbes Jahr später krallte ich mir den Vogel. Er hatte sein Biwak in einer höher gelegenen Fichtendickung aufgeschlagen. Meine Terrierhündin hatte ihn entdeckt und verbellt. Ich brachte ihn zur Polizei. Ohne Umschweife. Sein Protest nützte nichts, ich ließ ihn schwafeln, machte ihm aber klar, dass er mit Schwierigkeiten zu rechnen hätte, falls er meine Einladung zum Polizeirevier negativ bescheiden würde. Es gab auf der Fahrt keine Probleme, auch meine Terrierhündin ließ diesbezüglich ebenfalls keine Zweifel aufkommen. Die Fahrt dorthin habe ich bei den Hundegeschichten erzählt. Jetzt kommt's. Achtung! Wir waren gerade im Büro des Polizeireviers angelangt, da legte er los. Jawohl, von wegen Freiheitsberaubung! Den Polizisten erklärte ich den Sacherverhalt und sie ließen ihn bald gehen, nachdem er versprochen hatte, nicht mehr im Wald zu campieren. „Was sollen wir machen" zuckte der Beamte die Schultern, „auch wenn er gegen das Abfallbeseitigungsgesetz verstoßen hat, von dem ist eh nichts zu holen". Abfall! Was ich dann an seinem letzten Biwakort in Anblick bekam, verschlug mir die Sprache. Ich hatte bei der Polizei versäumt, den Verursacher zum Aufräumen zu vergattern. Das ärgerte mich nun. Außer seinem, wohl inzwischen patentierten Bettenbau, lagen Unmengen von Unrat herum. Zusätzlich waren noch zwei grabhügelähnliche Gebilde vorhanden. Aus einem lugte ein Bekleidungsstück. Ich zog ein wenig daran. Sofort schreckte ich zurück. Der hat einen gekillt und den armen Menschen hier beigekuhlt, signalisierte mein Hirn. Ab zur Polizei! Ein Beamter kam mit hinaus und fotografierte alles.

Die unter dem Schnee liegenden Hügel wollte er nicht untersuchen. „Macht die Kripo“ kam die knappe Antwort auf meine diesbezügliche Frage.
Ein Kripomann kam am nächsten Tag. Auch er fotografierte. „Reißen Sie die Hügel mal auseinander“ forderte er mich auf. Ich?! Nee, nee und nochmals nee!! Wer von uns beiden ist denn nun der Polizist? Ich lehnte ab. Grinsend trug der Beamte den ersten Hügel ab.
Zum Vorschein kamen jede Menge Klamotten, alte Haushaltsgeräte, Flaschen und Plastiktüten! „Passen Sie auf, die Plastiktüten benutzt er für sein großes Geschäft“ konnte ich gerade noch loswerden. Es war schon passiert!
Angeekelt sah mich der Kripomann an „Was, meinen Sie, habe ich in der Hand?“ Grölend, nach Luft ringend, lief ich ein paar Meter weg. Der Kripomann fand das gar nicht lustig. Angewidert reinigte er sich die Hände im Schnee. „Wenn ich den Kerl erwische“ stieß er hervor. Das kam mir bekannt vor. Leichen lagen nicht unter den Hügeln, wie sich herausstellte, nur jede Menge Unrat. „Wenn Sie den Kerl noch mal sehen, bringen Sie ihn sofort aufs Revier. Wir kennen ihn. Kürzlich soll er bei einer Messerstecherei mitgemischt haben. Sicher ist das aber nicht!“
Der Kripomann verabschiedete sich. So ein Früchtchen war mein Staatenloser also!
Die Entsorgung seiner Müllberge war sehr zeitaufwendig. Ich schwor Rache. Sollte ich ihn noch mal erwischen, ging es ihm an den Kragen.
Tatsächlich! Fast ein Jahr später führte uns das Schicksal wieder zusammen. Da hätte es ihn fast erwischt.
Schon sehr zeitig, Ende Februar, war der Taubentag des Hegerings angesetzt.
Unter den Taubenjägern befand sich auch mein jüngerer Bruder. Er hatte einen Häher beschossen, der geflügelt zu Boden ging. Der Häher lief in eine Weihnachtsbaumkultur.
Mein Bruder verfolgte den Häher, doch dieser legte ein gewaltiges Tempo vor. Dann musst du noch mal schießen, dachte

der Bruder, backte in Richtung des Hähers an und erschrak zu Tode. Zwei Meter hinter dem Häher entstieg aus einer Plastikplane langsam unser Penner!
Mein Bruder griff nun den Häher. Immer noch schockiert darüber, dass er bei der geplanten Schussabgabe auf den Häher auch den für ihn unsichtbar in Plastikplanen gehüllten Schläfer erwischt hätte, herrschte er diesen an „Raus hier, aber ganz schnell"! Mein Bruder sieht mir ähnlich, sagt man. Der Kerl glaubte also, dass ich vor ihm stehen würde.
„Jawohl Chef!" kam sein Standardspruch. Mein Bruder kannte die Geschichte von dem Bengel natürlich. So etwas wird ja mal erzählt. Als er den Kleinen, er ist natürlich nicht klein, in ein vertrauliches Gespräch verwickeln wollte, gab mein Bruder ihm die Richtung. „Ich bin nicht der, für den du mich hältst! Aber den wollen wir nun erst einmal holen. Er wird dir schon ein paar Takte erzählen. Mein Bruder brachte den Kerl zum Waldausgang. Man holte mich dazu.
Mit großen Augen schaute er abwechselnd meinen Bruder und mich an.
„Den meinst du vermutlich" grinste ihn mein Bruder an. Dann berichtete er mir den ganzen Ablauf des Beinahedramas. Wir telefonierten mit der Polizei.
Der arme Kerl saß da und schwieg. Irgendwie tat er mir jetzt leid. Was wissen wir schon, aus welchem Grund manche Menschen aus der Kehre kommen?
Mit großen Augen sah er nun abwechselnd die zusammengelaufenen Taubenjäger nacheinander an. „Muss das mit den Bullen sein?" sagte er leise.
„Das hast du dir selbst zuzuschreiben!" Mehr konnte ich ihm im Moment nicht bieten.
Die Polizei kam und hörte sich nach Befragen seine Worte an. Sie durchsuchten ihn, fanden aber nichts Gefährliches. „Wir nehmen ihn mit", sagte einer der Beamten. „Wir funken aber einen Transporter herbei, der Kerl verpestet uns die ganze Karre".
Ein Hüne von Polizist entstieg dem eingetroffenen Transporter. Dieser Riese von einem Polizisten fixierte das Häuflein

Unglück und sagte sodann zu seinen Kollegen: „Einer von euch beiden setzt sich zu dem Kerl in den Bus. Der bringt mich um, wenn ich allein sitze!“ „Hast du solch einen Bammel vor dem Kerl?“ bekam er zur Antwort.
Aber, wie vorgeschlagen, erfolgte der Abtransport meines Dauergastes. Bis der Bus unseren Blicken entschwand, sah er mich aus großen traurigen Augen an. Ich hatte ein eigenartiges Gefühl dabei. Wie gesagt, er tat mir leid. Aber was will man mit so einem Menschen sonst veranstalten.
Unsere letzte Begegnung entledigte mich aller Skrupel.
Es war Sommer und die Rehe gingen in die Blattzeit. Ich pirschte durch ein Buchenaltholz, um mich anzusetzen. Quer durch den Busch kam ein Kerl. Stichgerade auf mich zu. Ich blieb stehen. Erst als er ein paar Meter vor mir stand, erkannte ich, wen ich vor mir hatte.
Mein Penner stand vor mir. Auch er hatte mich nun erkannt und blieb erschrocken stehen. „Ich habe dir gesagt, du sollst dich hier nicht mehr blicken lassen“, herrschte ich ihn an. Er grinste. Jawohl, der Kerl grinste! Das war ja wohl der Hammer!
„Willst du ein paar aufs Maul haben?“ grinste er immer noch. Ich war baff! „Moment“, erwiderte ich, stellte den Drilling an die nächste Buche und schmiss meinen Lodenmantel in das Gras. Just in dem Moment, als ich ihm den gefüllten Fehdehandschuh zurückschmeißen wollte, startete der Kerl durch. Wie ein Känguru hüpfend, immer bedacht, in den Brombeeren nicht zu Fall zu kommen, rannte er durch den Busch. Nicht einmal verhoffte er. Das sah so komisch aus, dass ich mir den Bauch vor Lachen halten musste. Die Situation war geklärt! Bis zum heutigen Tage, ich hoffe, es bleibt so, sind wir uns nicht mehr begegnet. Vielleicht hat mein „Rachenbremsenpenner“ nun doch allmählich das Gefühl, dass es dann nicht mehr ganz so glimpflich für ihn ausgehen könnte.

Des Jägers Sprache!

Von vornherein möchte ich kundtun, dass ich kein Brauchtumsfanatiker bin. Ich bin aber bemüht, im Kreise der Mitjäger – und auch, wenn ich allein jage – mich diesbezüglich ordentlich und anständig zu produzieren.
Bei der jüngeren Jägergeneration muss ich zu meinem Leidwesen des Öfteren feststellen, dass gerade die Jägersprache zum Teil sehr lax abgetan wird.
Das ist nicht gut! Die Verantwortlichen der Jungjägerkurse sollten das nicht schleifen lassen. Übertreiben muss man nicht. Kaum einer von uns beherrscht die über 3.000 von Walter Frevert zusammengestellten Ausdrücke. Es wäre schade und nicht gut für die Jägerei, wenn die Jägersprache eines Tages in einer der Schubladen der Geschichte verschwinden würde. Von regionalen Abweichungen abgesehen und einigen Ausdrücken, die sich in unserer schnelllebigen Zeit irgendwann einmal eingeschlichen haben, ist die Jägersprache im ganzen deutschen Lande gleich. Für Nichtjäger ist das oftmals fatal. Es kommt ihnen unheimlich vor, was sie da zu Ohren bekommen.
Bei vorhandenem Interesse sollten wir uns nicht zu schade sein, ihnen Klartext zu bieten. Wir brechen uns nichts dabei ab.
Vielen meiner Bekannten, die Nichtjäger sind, brauche ich heutzutage gar nicht mehr zu dolmetschen, wenn sie wieder einmal angefragt haben: „Na, was macht die Jägerei?“ Darüber freue ich mich.
Diese positiv zu verbuchende Kleinarbeit, die sich über Jahre hinziehen kann, bekommt dann schlagartig einen Dämpfer, wenn man einige Herren unserer Zunft dabei erleben kann, wie sie sich beispielsweise am Kneipentisch in ihrem auf „Alt“ getrimmten Jägerwamms aufführen!
Der Hut, bestückt mit zweiundvierzig Plaketten und ebenso vielen Federn, vom Häher bis zum Pfau (glauben Sie nicht?) mit allen Bärten des dafür verantwortlichen Wildes einschließlich missbrauchter Ponys, wird auch in der Kneipe nicht abgesetzt. Man muss ja schließlich auch beim Schoppen den

furchtlosen, wilden Jägersmann herausschinden. Vielleicht haben diese Herrn Angst, es könnte ihnen mal was auf den Kopf fallen?

Als junger Jäger habe ich davon einmal gelesen, wie sich ein Stammtisch negativ produziert hat. Ich habe das nicht für möglich gehalten. Leider musste ich mich von der Realität überzeugen lassen.

Nicht nur die armen Jägersleute, die schweigend, weil sie eh nicht zu Wort kommen, mit gesenktem Haupt dem gewaltigen Geschwafel des großen Jägers lauschen, nein, auch die unschuldigen, nicht der grünen Zunft zugehörenden, restlichen Gäste müssen darunter leiden.

Im Gegensatz zu den Jägern gehen diese in „Hab-Acht"-Stellung. Ohren, Augen und Mund weit aufgerissen, inhalieren sie notgedrungerweise die Sprüche des wilden Jägers.

Das ist für mich der Zeitpunkt, mich abzuseilen. Ich muss raus, ich halte das nicht aus. Mir kommt das Gewölle hoch. Zumal, wenn man noch weiß, bei welcher Sorte Mäuse dieser Jägersmann offiziell gehandelt wird. Wenn Sie manch einen dieser furchtlosen Recken nachts einmal auf Ansitz jagen würden, um zu Schaden gehende Sauen vom Weizenfeld abzuhalten, bekäme er nicht nur schlagartig beidseitigen Durchfall und würde sieben Eimer voll machen, nein, er würde von seiner aufgeblähten beachtlichen Größe als furchtloser „Stammtisch-Schütz“ auf die Größe eines Zehn-Kilo-Futtereimers schrumpfen!

Wen wundert’s dann, wenn Tage später, einer der unfreiwilligen Zuhörer dieses „Kneipen-Jungjäger-Schnellkurses“ beispielsweise fragt: „Sag mal, der hat da kürzlich so viel erzählt, wann taugt denn nun die Schwarte des Fuchses was? Wenn sie rammeln oder wenn sie blatten?“ Saugut, was?

Aber Fertigwerden muss man damit. Wir sollten uns doch bemühen, diesen Menschen kundzutun, wo es denn eigentlich langgehen sollte. Kann man ganz ruhig machen. Manche raffen es dann.

Anfangs erwähnte ich, dass es regionale Abweichungen in der Jägersprache gibt. In meiner Heimat wurde früher viel, heute leider nur noch sehr wenig, plattdeutsch gesprochen. Jedes Nest hatte einen anderen Slang. Der unserige ist stark braunschweigisch eingefärbt und teilweise recht schwer zu verstehen.

Ich möchte Ihnen nicht vorenthalten, wie sich unsere Altvorderen mit der Jägersprache befassten. Das folgende ist natürlich nicht die Regel.

In einer Nachbargemeinde war Jägerstammtisch angesagt. Er bestand zum größten Teil aus den Bauern des Ortes. Einer der Herren hatte das akademische Viertel schon um das Doppelte überzogen, als er glücklich am Stammtisch Platz nahm.

„Wo bist diu denne niu noch ‘e west?“ allgemeine Frage.

Antwort: „Ooch, upp’n Weech heier her, bin ick an de grooten Weische vorbei’ekkoomen, da was ‘ne Rehoolsche mit twa Lämmecken. De mosste ick irste mal studeiern!“

Was heißen will: „Auf dem Weg hierher bin ich an der großen Weide vorbeigekommen, da war eine Ricke mit zwei Kitzen. Die musste ich erst einmal genau ansprechen!“

Mein alter Freund Erhard, der Nichtjäger ist, aber einen guten Wildbraten über alles schätzt und auch weiß, wie und warum dieser in seiner Pfanne gelandet ist, zieht mich des Öfteren mit der Jägersprache auf. „Da labert ihr von einer Sache in unterschiedlichen Ausdrücken und meint das gleiche, das ist doch bescheuert!" griff er an.
„Wie meinst du das?"
„Du sprichst von Sehern und Lichtern und meinst die Augen. Was soll der Blödsinn?"
„Mein lieber Erhard", hub ich an, „die Jägersprache ist uralt und diese Begriffe haben sich im Laufe der Zeit für diese oder jene Wildart nun mal ergeben".
„Deswegen glotzen sie doch alle nur!"
„Siehst du wohl", glaubte ich ihn nun zu kriegen, „du sagst auch glotzen".
Er sah mich an. Unsicher. Ich gab Gas. „Wir sagen unter uns Menschenkindern, wenn wir vom Sehen sprechen auch schon mal glotzen, kneisten oder schauen und zu den Augen manchmal Kulpen. Ist doch normal so was! Oder?"
„So gesehen" kam es unsicher zurück.
„Siehst du, unser Schalenwild hat Lichter, das Federwild hat Augen und beim Haarraubwild, Hase, Kaninchen und Murmeltier sind es die Seher".
„Was für'n Kram? Murmelbier?" stutzte er.
„Murmeltier, lebt in den Alpen", erwiderte ich und fügte hinzu: „Bei den Murmeltieren heißt das Männchen „Bär", das Weibchen schimpft sich „Katz" und die Kleinen heißen „Affen".
Mit offenem Mund stierte er mich an. „Du willst mich veräppeln, du tickst nicht mehr richtig", stieß er hastig hervor.
„Doch es ist so", gab ich ruhig zurück. Und wenn ich in diesem Tonfall angelangt bin, glaubt mein Freund Erhard mir fast alles.
„Weißt du was?" kam es jetzt von ihm, „wir lassen das mal so, es wird schon stimmen. Ich bleibe bei meiner allen verständlichen Aussprache. Ist ja dein Problem, wenn du ab

und zu mal umdenken musst, mit deinem Murmelbier und den Lichtern“. Auch gut, dachte ich.
„Kneiper“, sprach mein Gesprächspartner nun, „schenk uns die Tassen noch mal voll. Zweimal Gerstenkaltschale, zweimal Silbercherry“. Zwei Bier, zwei Korn. Für jeden verständlich. Gell?! Erhard ist ein netter. Ich wollte, es gäbe mehr davon!

Zu guter Letzt ist es mir ein Bedürfnis, ein paar Worte, die ich bei Siegfried Ramm einmal gelesen habe, zu zitieren:
„Nicht Wildart und Stückzahl der Strecke zeichnen den Wert des Erlegers als Jäger, sondern nur der Geist, in dem er jagt! Ich habe Leute erlebt, die nur die Büchse führten, sehr stolz darauf waren und doch vom Sinn unseres Weidwerkes nie einen Hauch verspürten; und ich kenne Jäger, die niemals an einem gestreckten Stück Hochwild gestanden haben und doch wahre Jäger sind.
Die Auffassung, mit der er jagt, entscheidet, ob einer berufen ist.“
In diesem Sinne. Weidmannsheil!